* 9 7 8 9 9 4 8 8 4 6 7 5 8 *

تطور العلاقة بين الإرهاب والجريمة المنظمة العابرة للحدود

د. إيمان رجب

اتجاهات استراتيجية (13)

فبراير 2022

مركز تريندز للبحوث والاستشارات

يُعـد مركـز ترينـدز للبحـوث والاستشـارات مؤسسـة بحثيـة مسـتقلة تأسـس عـام 2014، ويهتم باستشـراف المسـتقبل في جوانبه الاستراتيجية والسياسية والاقتصادية، وتتبع القضايا العالمية المختلفة. كما يهدف المركز إلى تحليل الفرص والتحديات على مختلف الصعد الجيوسياسية الراهنة، ومـا تحملـه مـن متغيـرات محتملة، مع محاولة إيجـاد إجابات وتفسـيرات علمية وموضوعية من شـأنها المسـاهمة في التأثير في اتجاهات الأحداث مع مراعاة نواحي التحليل والنقد والاستشراف.

ويقدم المركز من أجل تحقيق غاياته العلمية، دراسـات رصينة ذات أبعاد استشـرافية مستقبلية، ويطرح أفضل البدائل الممكنة لمساعدة صنّاع القرار في معرفة التطورات الإقليمية والدولية بشكل أعمق، والاستفادة مما توفره من فرص. كما يقوم المركز برصد الاتجاهات والتغييرات الاستراتيجية والاقتصادية والإقليمية والدولية، بشـكل أعمـق، والاسـتفادة مما توفره من فرص، والتنبؤ بآثارها المسـتقبلية، وذلك وفق الضوابط العلمية المتعارف عليها دولياً لدى أعرق مراكز التفكير والبحث العلمي.

المحتويات

الصفحة	العنوان
7	ملخص تنفيذي
9	مقدمة
14	أولاً: الميل للفصل بين مكافحة الإرهاب ومكافحة الجريمة المنظمة العابرة للحدود
22	ثانياً: دروس الخبرة العملية: ثلاثة أنماط للعلاقة بين الإرهاب والجريمة المنظمة العابرة للحدود
37	ثالثاً: الأسباب المفسرة للعلاقة بين الإرهاب والجريمة المنظمة العابرة للحدود
39	رابعاً: الوضع في منطقة الشرق الأوسط وشمال أفريقيا
51	خامساً: مستقبل العلاقة بين الإرهاب والجريمة المنظمة العابرة للحدود
65	خاتمة
69	المصادر والمراجع
77	نبذة عن المؤلف

ملخص تنفيذي

أصبحت العلاقة بين الأنشطة الإرهابية وأنشطة الإجرام المنظم العابر للحدود من التهديدات الأمنية الرئيسية التي تحظى باهتمام من الأمم المتحدة في إطار جهودها الخاصة بتحقيق السلم والأمن، وهذا يفسر تعدد القرارات الصادرة عن مجلس الأمن طوال العقدين الماضيين وخلال فترة جائحة كورونا كوفيد-19 من أجل متابعة تأثير تلك العلاقة على الأمن الدولي، ومن أجل حث الحكومات على تبني سياسات وبرامج أكثر فعالية في اضعاف العلاقات المتشابكة بين الكيانات الإرهابية وشبكات الإجرام المنظم العابر للحدود.

وتجادل هذه الدراسة بأنه إذا كان كل من الإرهاب والجريمة المنظمة العابرة للحدود على حده تطرح تهديدات محددة للأمن القومي للدول وللأمن الدولي، فإن تنامي العلاقات بينهما يضاعف من تلك التهديدات ويعزز في حالات أخرى من قدرة الكيانات الإرهابية والإجرامية على البقاء. فالجريمة المنظمة تحافظ على استمرار وبقاء الإرهاب، والإرهاب يسمح باستمرار الجريمة المنظمة، وكل منهما يفتح للآخر آفاق مختلفة. ورغم ذلك يلاحظ أن الاعتقاد السائد في المؤسسات المعنية بمكافحة الإرهاب وتلك المعنية بمكافحة الجريمة يرى أن التعاون بين الإرهابيين والمجرمين هو "أمر مستبعد" ، وهو ما يخلق فجوة بين التصورات السائدة في تلك المؤسسات وبين واقع التفاعلات بين الكيانات الإرهابية وشبكات الإجرام المنظم العابر للحدود.

وفي هذا الإطار، تهدف هذه الدراسة للفت انتباه الحكومات لهذه الفجوة، من خلال تحليل تطور العلاقات بين الإرهاب وشبكات الإجرام المنظم العابر للحدود خلال المرحلة الراهنة من واقع حالات تطبيقية من أوروبا وآسيا وأفريقيا وأمريكا اللاتينية ومنطقة الشرق الأوسط وشمال أفريقيا. كما تناقش الدراسة أسباب تنامي هذه العلاقات ومستقبلها خلال الفترة المقبلة وتقترح بعض السياسات التي قد يكون من المهم أن تفكر الحكومات في تبنيها خلال المرحلة التالية للتعافي من جائحة كورونا.

مقدمة

أصبحت العلاقة بين الأنشطة الإرهابية وأنشطة الإجرام المنظم العابر للحدود من التهديدات الأمنية الرئيسية التي تحظى باهتمام من الأمم المتحدة في إطار جهودها الخاصة بتحقيق السلم والأمن، وهذا يفسر تعدد القرارات الصادرة عن مجلس الأمن طوال العقدين الماضيين من أجل متابعة تأثير تلك العلاقة في الأمن الدولي، ومن تلك القرارات قرار مجلس الأمن رقم 1373 الصادر في سبتمبر 2003 الذي نبه دول العالم إلى "العلاقة الوثيقة بين الإرهاب الدولي والجريمة المنظمة العابرة للحدود، وتهريب المخدرات وغسل الأموال وتهريب الأسلحة غير المشروع، والانتقال غير المشروع للمواد النووية والكيميائية والبيولوجية وغيرها من المواد الخطرة"، وقرار 2482 الصادر عام 2019 الذي يدعو الدول لتبنّي سياسات تهدف لإضعاف العلاقة بين الإرهاب والجريمة المنظمة[1]. وهذان القراران وغيرهم في المجمل يدعون الحكومات لتبنّي سياسات وبرامج أكثر فعالية في إضعاف العلاقات المتشابكة بين الكيانات الإرهابية وشبكات الإجرام المنظم العابر للحدود.

---

1. See: - United Nations Security Council, Action taken by Member States and United Nations entities to address the issue of linkages between terrorism and organized crime, Report of the Secretary-General, July 29, 2020.

   - United Nations Security Council resolution no. 2482, July 19, 2019, available on UN web portal: https://digitallibrary.un.org/record/3813145

وإذا كان من المتعارف عليه في دوائر صنع السياسات الأمنية أن كلاً من الإرهاب والجريمة المنظمة العابرة للحدود على حده تطرح تهديدات محددة للأمن القومي للدول وللأمن الدولي، فإن تنامي العلاقات بينهما يضاعف من تلك التهديدات ويعزز في حالات أخرى من قدرة الكيانات الإرهابية على البقاء وعلى تحدي أجهزة مكافحة الإرهاب. حيث إن هذه العلاقات تسمح للإرهابيين باستغلال البنية التحتية لشبكات الإجرام المنظم العابر للحدود للحصول على الأسلحة والوثائق المزورة وتحريك السلع والأشخاص بما في ذلك امتلاك أسلحة ثقيلة وهو ما يعني مضاعفة قدرة الإرهابيين على تنفيذ هجمات نوعية. كما تمكّن هذه العلاقات الإرهابيين من توليد أموال تستخدم في تمويل أنشطتهم الإرهابية بأنواعها المختلفة[2].

كما أن تنامي العلاقات بين الكيانات الإرهابية وشبكات الإجرام المنظم يجعل الموارد المحدودة التي لدى الحكومات الوطنية غير كافية لمكافحة فعالة لكل من الظاهرتين، لاسيما في حالة الدول التي يتراجع فيها مستوى التنمية والخدمات ويرتفع فيها مستوى الفقر والتهميش.

والملاحظ أنه خلال فترة جائحة كورونا "كوفيد-19" تواصل الأمم المتحدة وغيرها من المنظمات الدولية الحكومية ذات الصلة بالقضايا الأمنية متابعتها لتطور العلاقات بين الإرهاب والإجرام المنظم، فعلى سبيل المثال

---

2. Europol, "Serious and Organised Crime Threat Assessment: Crime in the age of technology", SOCTA report, Report of 2017, p 55.

رصد تقرير "مجموعة العمل المالية" FATF الصادر في ديسمبر 2020 ممارسة جماعات الإجرام المنظم خلال الجائحة أنشطة إجرامية في قطاعات جديدة شملت قطاعي الصناعات الطبية والسلع الطبية.[3] كما من الملاحظ أنه في ظل انشغال دول العالم بمواجهة أزمة كورونا "كوفيد-19" طورت الكيانات الإرهابية إمكاناتها على التكيف والتغلب على الأزمات resilience، وهذا ما يكشف عنه على سبيل المثال استمرار قدرتها على تنفيذ هجمات إرهابية في دول عدة خلال السنة الأولى للجائحة (عام 2020) منها هجمات النمسا 2 نوفمبر 2020[4]، وهجمات باريس 29 أكتوبر 2020[5]، كما نفذ تنظيم داعش في سوريا والعراق 131 و228 هجوماً على التوالي خلال الفترة مابين يوليو - سبتمبر 2020[6].

وفي هذا السياق، تُجادل الباحثة في هذه الدراسة بأن قدرة الكيانات الإرهابية في الحفاظ على بقائها ونشاطها وقدرة شبكات الجريمة المنظمة على تطوير أنشطة إجرامية تتلاءم مع الأوضاع الجديدة المصاحبة لأزمة كورونا، لا تتصل

---

3. The Financial Action Task Force (FATF), "Update: COVID-19-related Money Laundering and Terrorist Financing", December, 2020

4. "Vienna shooting: What we know about 'Islamist terror' attack", BBC, November 4, 2020: https://www.bbc.com/news/world-europe-54798508

5. "France attack: Three killed in 'Islamist terrorist' stabbings", BBC, 29 October 2020: https://www.bbc.com/news/world-europe-54729957

6. Department of Defence Office of Inspector General. "Operation Inherent Resolve-Lead Inspector General report to the United States Congress (July 1, 2020-September 30, 2020)", 2020, p. 19, 23.

بصورة مباشرة بضعف جهود وسياسات وبرامج مكافحة الإرهاب أو مكافحة الجريمة المنظمة التي تنفذ على المستويات الدولية والإقليمية والوطنية، ولكنها ناتجة بصورة كبيرة عن تطور الصلات والعلاقات بين الكيانات الإرهابية وشبكات الإجرام المنظم العابر للحدود، فالجريمة المنظمة تحافظ على استمرار الإرهاب وبقائه، والإرهاب يسمح باستمرار الجريمة المنظمة، وكل منهما يفتح للآخر آفاقاً مختلفة.

كما تجادل هذه الدراسة بأنه رغم الجهود التي تبذل على مستوى الأمم المتحدة وغيرها من المنظمات الدولية الحكومية ذات الاهتمام بالقضايا الأمنية لتنبيه الدول لخطورة التقارب بين الإرهابيين والمجرمين[7]، فإن هناك فجوة بين التصورات السائدة في المؤسسات الأمنية على المستوى الوطني في دول عدة في العالم وواقع التفاعلات بين الكيانات الإرهابية وشبكات الإجرام المنظم العابر للحدود، حيث يسود اعتقاد في تلك الدول بأن التعاون بين الإرهابيين والمجرمين هو "أمر مستبعد" "deal too far" a، وبالتالي توجد مؤسسات متخصصة في مكافحة الإرهاب مستقلة تماماً عن تلك المعنية بمكافحة الإجرام المنظم العابر للحدود كما يغيب التنسيق المؤسسي الفعال بينها. وفي المقابل فإن السلوك الفعلي للكيانات الإرهابية

---

7.   انظر على سبيل المثال تقرير الأمين العام للأمم المتحدة "سياسات الدول في إضعاف العلاقة بين الإرهاب والإجرام المنظم العابر للحدود":

United Nations Security Council. "Action taken by Member States and United Nations entities to address the issue of linkages between terrorism and organized crime", Report of the Secretary-General, July 29, 2020.

وجماعات الإجرام المنظم العابر للحدود في أوروبا وأفريقيا وآسيا وأمريكا اللاتينية يكشف عن تعدد أنماط العلاقات فيما بينها.

وفي هذا السياق، تسعى هذه الدراسة إلى تحليل أنماط العلاقة بين الإرهاب والجريمة المنظمة العابرة للحدود خلال المرحلة الراهنة وتحديد الإطار العام لمستقبلها خلال الفترة المقبلة، وذلك من خلال خمسة أقسام رئيسية. يناقش القسم الأول من الدراسة سيطرة الاتجاه الخاص بفصل سياسات مكافحة الإرهاب عن سياسات مكافحة الجريمة المنظمة في دول عدة في العالم والدلالات المتصلة بذلك.

ويحلل القسم الثاني الدروس المستفادة من الخبرة العملية التي تكشف عن تنامي الترابط بين الإجرام المنظم والكيانات الإرهابية على نحو ولّد ثلاثة أنماط للعلاقات بينهما هي: التعايش، والتعاون، والاندماج. ويتم تحليل هذه الأنماط الثلاثة للعلاقات من خلال أمثلة تطبيقية من أوروبا وأفريقيا وآسيا وأمريكا اللاتينية. كما يحلل القسم الثالث الأسباب التي تدفع الكيانات الإرهابية لإنشاء صلات وعلاقات مع جماعات الجريمة المنظمة العابرة للحدود.

ويستعرض القسم الرابع من الدراسة أمثلة تطبيقية لعلاقة الكيانات الإرهابية مع شبكات الإجرام المنظم العابر للحدود من واقع التفاعلات في منطقة الشرق الأوسط وشمال أفريقيا، ويحلل أربع حالات رئيسية تشمل تنظيم داعش في العراق وسوريا، وحالة مايسمى "العصابات الاسلاموية" Islamic gangster في تونس، وعمليات تهريب الأسلحة عبر الحدود في منطقة شمال أفريقيا، وحالة بوكوحرام في غرب أفريقيا.

وفي القسم الأخير، تناقش الدراسة مستقبل العلاقة بين الإرهاب والجريمة المنظمة خلال الفترة المقبلة من خلال تحليل المتغيرات التي تؤثر في هذه العلاقة والشكل المستقبلي المتوقع لها والسياسات التي قد يكون من المهم أن تفكر الحكومات في تبنّيها خلال الفترة المقبلة.

أولاً: الميل للفصل بين مكافحة الإرهاب ومكافحة الجريمة المنظمة العابرة للحدود

تشير الخبرة العملية لمؤلف الدراسة إلى أن هناك اتجاهين رئيسيين لسياسات الحكومات في التعامل مع الإرهاب والجريمة المنظمة العابرة للحدود. يعبر عن الاتجاه الأول التعامل مع الإرهاب كتهديد أمني مستقل عن الجريمة المنظمة، وذلك استناداً إلى قناعة مفادها أن تعاون الكيانات الإرهابية مع جماعات الجريمة المنظمة أمر غير وارد، ويتم الاستدلال على ذلك بأمثلة عدة من واقع الممارسة العملية، ومنها إعلان تنظيم القاعدة في بلاد المغرب الإسلامي عن فصل مختار بلمختار من عضوية التنظيم بعدما تنامى نشاطه الإجرامي في جنوب الجزائر وشمال مالي، وبعدها أسس بلمختار كتيبة "المرابطون" وظلت تمارس أعمال التهريب في السجائر. ويتم الاستدلال بهذه الواقعة على رفض تنظيم القاعدة في بلاد المغرب الإسلامي الانخراط في أعمال إجرامية ذات صلة بتهريب السجائر.

وينصرف الاتجاه الثاني إلى التعامل مع الإرهاب كتهديد أمني متداخل مع الجريمة المنظمة، ويعد هذا الاتجاه حديثاً نسبياً، وبدأ ينعكس في اتجاه الأجهزة

المعنية بمكافحة كلٍّ من الإرهاب والجريمة المنظمة للتنسيق فيما بينها خاصة في بعض الدول الأوروبية التي رصدت دخول عدد من الكيانات الإرهابية التي تستند إلى فكر ديني متطرف في تحالف مصلحي مع شبكات إجرامية، ويهدف هذا التحالف المصلحي لتوفير الأخيرة ما تحتاجه الكيانات الإرهابية من دعم لوجيستي لعملياتها مقابل مشاركة الكيانات الإرهابية في تأمين الأنشطة الإجرامية العابرة للحدود لتلك الشبكات. ومن ذلك قيام بعض الكيانات الإرهابية في غرب أفريقيا بتأمين عمليات نقل الهروين إلى دول الاتحاد الأوروبي.

وينعكس هذا الاتجاه في الاستراتيجية الأمنية الخاصة بالاتحاد الأوروبي EU Security Union Strategy والصادرة في عام 2021 ويستمر تنفيذها حتى عام 2025، حيث تضمنت قسماً خاصاً بمكافحة الإرهاب والجريمة المنظمة العابرة للحدود من خلال أربعة محاور رئيسية هي: تعزيز تنفيذ القانون والتعاون القضائي بين الدول الأعضاء في الاتحاد الأوروبي، وتطوير آليات التحقيق من أجل تفكيك شبكات الجماعات الإجرامية وهياكلها والتركيز على جرائم محددة مثل جرائم البيئة والجرائم الطبية، وتحييد الموارد المالية المتحققة من الأنشطة الإجرامية ومنع تغلغلها في الاقتصادي الرسمي أو استخدامها في تمويل الإرهاب، وتطوير الأطر القانونية وأطر تنفيذ القانون بما يتلاءم مع التطورات التكنولوجية[8].

---

8. Anna Pingen, "Commission Presents 2021-2025 EU Strategy to Tackle Organised Crime", 1 June 2021, eucrim web portal: https://eucrim.eu/news/commission-presents-2021-2025-eu-strategy-to-tackle-organised-crime/

كما يحرص "مكتب الأمم المتحدة للجريمة والمخدرات" على لفت انتباه الحكومات للعلاقات المتداخلة بين أنشطة الكيانات الإرهابية وشبكات الإجرام المنظم العابرة للحدود، ويعمل على تعزيز قدراتها لتفكيك هذه العلاقات من خلال مبادرات عدة خاصة بتحسين إدارة المناطق الحدودية وتعزيز التعاون الدولي ومكافحة تمويل الإرهاب[9].

والملاحظ بصفة عامة، أن الاتجاه الأول هو الأكثر انتشاراً في دول عدة في العالم. على نحو انعكس على تصورات المؤسسات المعنية بمكافحة الإرهاب في عديد من الدول، حيث ترى تلك المؤسسات أن التعاون بين الإرهابيين والمجرمين هو "أمر مستبعد"a 'deal too far'، وبالتالي توجد مؤسسات متخصصة في مكافحة الإرهاب مستقلة تماماً عن تلك المعنية بمكافحة الإجرام المنظم العابر للحدود. وقد أشار إلى ذلك تقرير الأمين العام للأمم المتحدة لعام 2020 والخاص بالإجراءات التي نفذتها الحكومات لتفكيك العلاقات بين الإرهاب والإجرام المنظم العابر للحدود، ومن خلال تحليل التقرير يتضح أن معظم السياسات التي نفذت على المستويات الوطنية ركزت بصورة رئيسية على مكافحة الإرهاب وتمويله بشكل مستقل عن السياسات التي نفذت من أجل مكافحة الجريمة المنظمة[10].

---

9. United Nations office on Drug and Crime UNODC, "Links With Organized Crime", UNODC web portal: https://www.unodc.org/unodc/en/terrorism/expertise/links-with-organized-crime.html

10. United Nations Security Council. "Action taken by Member States and United Nations entities to address the issue of linkages between terrorism and organized crime", Report of the Secretary-General, July 29, 2020.

كما يلاحظ أن هذا الاتجاه انعكس في الجهود الدولية ذات الصلة، ومن ذلك على سبيل المثال "التحالف الدولي ضد داعش في العراق وسوريا" الذي أعلنته الولايات المتحدة في 10 سبتمبر 2014. وتوجد خمسة مسارات للجهود التي تبذل في إطار التحالف وهي توفير الدعم العسكري للحلفاء، ومنع تدفق الإرهابيين الأجانب، ووقف تمويل الإرهاب، والتعامل مع الأزمة الإنسانية في المنطقة، وإتاحة معلومات عن حقيقة الأوضاع على الأرض[11].

وبالنظر إلى المعطيات العملية، فإن الاتجاه الأول الذي يفصل بين الإرهاب والإجرام المنظم العابر للحدود يستند إلى وجود عناصر اختلاف بين الظاهرتين، وهو ما يستدعي تبنّي سياسات مختلفة لمكافحة كل منهما. فبحكم التعريف، تعرف الاستراتيجية العالمية لمكافحة الإرهاب الصادرة عن الأمم المتحدة في 2006، وخطة العمل الخاصة بها الإرهاب على أنه:

"أي فعل ينطوي على استخدامٍ أو التهديد باستخدام القوة بما يخالف القانون، ويهدف إلى التسبب في قتل أو إلحاق الضرر بالمدنيين أو غير المقاتلين؛ وذلك بغرض بث الرعب بين الناس أو إرغام الحكومة أو أي منظمة دولية على فعل شيء أو التوقف عن فعل شيء ما"[12].

---

11. The Global Coalition To Defeat ISIS: https://www.state.gov/about-us-the-global-coalition-to-defeat-isis/

12. United Nations office of Counter-terrorism UNOCT, "UN Global Counter-Terrorism Strategy", UNOCT web portal: https://www.un.org/counterterrorism/un-global-counter-terrorism-strategy

بينما يعرف ميثاق باليرمو الصادر عام 2000 جماعات الجريمة المنظمة على أنها:

"جماعة منظمة تتألف من 3 أشخاص أو أكثر موجودة لفترة من الزمن، وتمارس أنشطة محددة بهدف ارتكاب جريمة أو سلسلة من الجرائم المخالفة للقانون في دولتين أو أكثر، وذلك بهدف الحصول بصورة مباشرة أو غير مباشرة على الأموال أو غيرها من الموارد".

ويحدد ميثاق باليرمو هذه الأنشطة في 11 نشاطاً إجرامياً، هي: تهريب الأسلحة، والاتجار بالبشر، والاتجار في السلع غير المشروعة، وتهريب البشر، وتزوير العملة والوثائق، وجرائم ضد الأطفال، وجرائم التراث الثقافي، والإجرام الإلكتروني، وتهريب المخدرات، وجرائم بيئية، وجرائم مالية[13].

كما يذهب الاتجاه الأول إلى أن هناك عناصر عدة توضح اختلاف الإرهاب عن الجريمة المنظمة، وتتمثل في الدافع، والأنشطة الرئيسية، والتأثير، ومقومات البقاء. وكما يتضح في الجدول أدناه، فإن الدافع الرئيسي للكيانات الإرهابية هو دافع فكري أو أيديولوجي سواء كان سياسياً أو دينياً بينما الدافع الرئيسي لجماعات الجريمة المنظمة هو دافع اقتصادي ذو صلة بالحصول على الثروات المالية.

---

13. United Nations office on Drug and Crime UNODC. "United Nations Convention Against Transnational Organized Crime and The Protocols Thereto (Palermo Convention)", November 15, 2000. (NewYork: UNODC, 2004), pp.5-6

وبالنسبة إلى الأنشطة الرئيسية التي تمارسها الكيانات الإرهابية وجماعات الجريمة المنظمة، فإنه في حالة الكيانات الإرهابية فهي تمارس أنشطة إرهابية دأبت الدول في قوانينها ذات الصلة على تعريفها بصورة واضحة، والتي تنطوي كما ورد في الاستراتيجية العالمية لمكافحة الإرهاب الصادرة عن الأمم المتحدة على استخدام أو التهديد باستخدام القوة بطريقة تخالف القانون الوطني من أجل تحقيق أهداف سياسية وعلى نحو يلحق الضرر بالمدنيين وقوات إنفاذ القانون وبما يثير الرعب في المجتمع. ويندرج ضمن هذه الأنشطة الاغتيالات واستهداف البنى التحتية واستهداف رجال الجيش والشرطة وغيرها.

وفي حالة جماعات الإجرام المنظم العابر للحدود، فإن ما يمارس من أنشطة يشمل التهريب والاتجار في المخدرات والأسلحة والبشر، وغسل الأموال والجرائم الإلكترونية. وعادة ما يجرم القانون الجنائي هذه الأنشطة على المستوى الوطني.

وفيما يتعلق بالتأثير، فإن قدرة الكيانات الإرهابية على التأثير مرتبطة بصورة رئيسية ببثها الخوف والرعب من خلال ما تنفذه من أنشطة إرهابية وبتعزيز الشعور بعدم الأمن لدى المواطن وهو ما يؤثر في نواحي الحياة كلها. أما بالنسبة إلى جماعات الجريمة المنظمة فإن أنشطتها تضعف مصداقية المؤسسات المالية في الدولة المعنية وتضعف اقتصادها الرسمي.

أما بالنسبة إلى مقومات البقاء، فإن قدرة الكيانات الإرهابية على البقاء مرتبطة باستمرار الاعتقاد في الأفكار المتطرفة التي ترتكز عليها والتي هي مهمة في تبرير ما تمارسه من أنشطة إرهابية بالنسبة إلى أعضائها وأتباعها، وباستمرار جاذبية تلك الأفكار لقطاعات مختلفة في المجتمع على نحو يحافظ على استمرار تلك الأفكار وتجددها وفي حالات كثيرة انتقالها من جيل إلى آخر. كما ترتبط قدرة الكيانات الإرهابية على البقاء باستمرار شرعيتها وألا يتم إضعافها من قِبل الحكومة أو أي كيان إرهابي آخر، فضلاً عن توافر المال اللازم لاستمرار التنظيم في أنشطته وفي الترويج لأفكاره المتطرفة.

وفي حالة جماعات الجريمة المنظمة، ترتبط مقومات البقاء بسمعة المجرمين وبألا يتم تجنيدهم من قِبل الأجهزة الأمنية كعملاء لها، وبعدم نجاح الأجهزة الأمنية في القبض على العناصر الإجرامية، وبعدم جذب اهتمام وسائل الإعلام؛ فكلما حظيت العمليات الإجرامية بتغطية إعلامية هدد ذلك قدرة التنظيم الإجرامي على البقاء، وذلك على عكس الكيانات الإرهابية التي يرتبط بقاؤها باستمرار اهتمام وسائل الإعلام بها وبما تنفذه من عمليات إرهابية. بعبارة أخرى، تهتم الكيانات الإرهابية بخلق صورة لها في الإعلام بينما تتجنب التنظيمات الإجرامية ذلك.

وبطبيعة الحال، فإن توافر هذه العوامل يحافظ على استمرار أي من هذه الكيانات وفي حال غياب أي منها يصبح وجود الكيانات الإرهابية أو الكيانات الإجرامية محل تهديد.

جدول (1): عناصر الاختلاف بين الإرهاب والجريمة المنظمة

عنصر المقارنة	الإرهاب	الجريمة المنظمة
الدافع	دافع فكري -أيديولوجي (ديني، سياسي ...).	دافع اقتصادي.
الأنشطة الرئيسية	- هجمات إرهابية (مثل الاغتيالات - السيارات المفخخة -تفجير المباني والمنشآت الحكومية وغيرها). (ربما ذكر طبيعتها أو بعض الوسائل مثلاً أو إفراد نقطة للتميز بينهما من حيث الوسائل).	- تهريب المخدرات. - تهريب الأسلحة. - غسل الأموال. - الاتجار بالبشر. - جرائم إلكترونية.
التأثير	- بث الخوف والرعب. - تعزيز الشعور بعدم الأمن (وهو ما يؤثر في نواحي الحياة كلها).	- تدمير مصداقية المؤسسات المالية، وإضعاف الاقتصاد الرسمي.
مقومات البقاء	-الاعتقاد (الفكر/الأيديولوجية). - استمرار جاذبية الأيديولوجية المتطرفة / الراديكالية. - ألا يتم إضعاف شرعية الجماعة الإرهابية من قِبل الحكومة أو أي منظمة إرهابية أخرى. - توافر المال. -استمرار اهتمام وسائل الإعلام بها.	- سمعة المجرمين (ألا يتم تجنيدهم كمخبرين من قبل الأجهزة الأمنية ....). - عدم نجاح الأجهزة الأمنية في القبض على العناصر الإجرامية. - عدم جذب اهتمام وسائل الإعلام.

المصدر: من إعداد الباحثة

ثانياً: دروس الخبرة العملية: ثلاثة أنماط للعلاقة بين الإرهاب والجريمة المنظمة

يمكن القول إن قدرة الكيانات الإرهابية خلال المرحلة الراهنة على التكيف مع التغيرات التي تشهدها البيئة المحيطة بها، وعلى مواجهة الأزمة الناتجة عن جائحة كورونا "كوفيد-19" ناتجة بصورة كبيرة لأشكال مختلفة من الصلات والعلاقات مع شبكات الإجرام المنظم العابر للحدود التي أصبحت توفر لها ما تحتاجه حتى تعزز وتقوي من قدرتها على تخطي أزمة مثل كورونا.

وهذه الملاحظة تكشف عن وجود فجوة بين الاتجاه المسيطر على معظم المؤسسات الأمنية في عدد من دول العالم والسابق توضيحه - والذي يميل إلى الفصل ما بين مكافحة الإرهاب ومكافحة الجريمة المنظمة - والسلوك الفعلي للكيانات الإرهابية وجماعات الإجرام المنظم العابر للحدود، على نحو نتج عنه محدودية في فعالية جهود مكافحة الإرهاب في تلك الدول.

وبمراجعة أدبيات عدة اهتمت بتحليل العلاقة بين الإرهاب والإجرام المنظم[14]، ومن خلال تحليل السلوك الفعلي للكيانات الإرهابية وجماعات

---

14. See: Tamara Makarenko, The Crime-Terror Continuum: Tracing the Interplay between Transnational Organised Crime and Terrorism, Global Crime, 6:1,2004, 129-145; Raphael Bossong, Countering Terrorism and Organized Crime: EU Perspectives, EU-China Security Cooperation: performance and prospects. Policy paper series, Summer 2014; Wolfgang Benedek et la., Transnational Terrorism, Organized Crime and Peace-Building: Human Security in the Western Balkans, (London: Palgrave Macmillan, 2010)

الإجرام المنظم العابر في أوروبا وأفريقيا وآسيا وأمريكا اللاتينية، يمكن تحديد ثلاثة أنماط للعلاقات بينهما، وهي: علاقات التعايش، وعلاقات التعاون، وعلاقات الاندماج.

ومن المهم توضيح أنه من الناحية العملية لايوجد بالضرورة تدرج في هذه الأنماط الثلاثة للعلاقة بين الكيانات الإرهابية وجماعات الإجرام المنظم العابر للحدود، أي أنه ليس بالضرورة أن تمر هذه العلاقات بالتعايش أولاً ثم بالتعاون ثم بالاندماج، فهناك حالات لكيانات إرهابية اندمجت في كيانات إرهابية دون أن تمر بمرحلة التعاون.

وسيتم تناول هذه الأنماط الثلاثة للعلاقة بين الكيانات الإرهابية وجماعات الإجرام المنظم بالشرح كل على حدة مع ذكر أمثلة تطبيقية.

التعايش

يلاحظ غلبة هذا النمط على العلاقة بين الكيانات الإرهابية وجماعات الإجرام المنظم عندما تتشارك كل منهما النطاق الجغرافي نفسه لممارسة النشاط أو للحصول على الدعم العملياتي. فبسبب وجود مصلحة لكل منهما خاصة بالاحتفاظ ببقائهما في النطاق الجغرافي نفسه يتوصل الإرهابيون والمجرمون لاتفاقات حول تقاسم مناطق السيطرة والنفوذ، وأحياناً تتضمن هذه الاتفاقات توفير الحماية للمجرمين مقابل قيام

المجرمين بخدمات معينة للإرهابيين، وهذه الاتفاقيات تضمن استمرار بقائهم في تلك المنطقة الجغرافية.

فعلى سبيل المثال، رصد تقريرٌ للإنتربول قيام التنظيمات الإرهابية التي تسيطر على مناطق في وسط أفريقيا بتوفير حماية ما لجماعات الإجرام المنظم لتنفيذ أنشطتها. ومن ذلك تنظيم تونجو-تونجو، وجماعة Ex-Seleka، وجماعة ضد بالاكا Anti-Balaka group، وجماعة القوات الديمقراطية لتحرير رواندا[15].

ومعظم هذه التنظيمات موجودة في مناطق غنية بالموارد الطبيعية، وبسبب حاجتهم لتوفير السلاح والعناصر البشرية حتى يكونوا قادرين على الاستمرار في تنفيذ أنشطتهم الإرهابية، فإنهم يحتفظون بعلاقات قوية مع شبكات الجريمة المنظمة التي تسهل لهم الحصول على الأسلحة وتهريب العناصر الجديدة التي ستنضم إلى صفوفهم.

ويشير الإنتربول إلى أن معظم شبكات الإجرام المنظم العاملة في وسط أفريقيا ترتبط بعلاقات وثيقة مع شبكات الإجرام المنظم ذات النشاط العالمي، وعادة ما يتم توظيفها من قِبل تلك الشبكات العالمية داخل الدول الأفريقية[16].

---

15. Interpol, "Overview of Serious and Organized Crime in Central Africa", Analytical Report, Enhancing Africa's response to transnational organized crime ENACT, 2018, p.9

16. Ibid., p.9

المقصود بهذا النمط من العلاقات أن يدخل التنظيم الإرهابي في علاقات تعاون مع المجرمين من أجل توفير ما يحتاجه لتنفيذ عملياته الإرهابية، وحتى تحصل الجماعات الإجرامية على ما تحتاجه للاستمرار في أنشطتها.

ومن الأمثلة على هذا النمط من العلاقات، ارتباط تنظيم القاعدة بعلاقات وثيقة مع الجماعات الإجرامية في البلقان وإيطاليا مثل جماعة مافيا كامورا في نابولي للحصول على الدعم المالي والبشري وغسل الأموال. فعلى سبيل المثال تتبع السلطات الإيطالية منذ سنوات خلية تطلق عليها اسم "الاتجار في المخدرات من أجل تمويل "الارهاب الإسلاموي" 'the network of narco-financing 'of Islamist terrorism، وألقت السلطات في 24 فبراير 2012 القبض على مولاي إدريس لاتهامه بكونه المورد الرئيسي للحشيش لجماعة مافيا كامورا، وعضويته في الخلية نفسها، ولعلمه بالهجوم الإرهابي الذي نفذ في مدريد عام 2004[17]. كما تعد اليونان وجهة رئيسية للإرهابيين والمجرمين من أجل التخطيط وعقد اتفاقات التعاون فيما بينهم.

وتعد الهجمات الإرهابية التي شهدتها باريس في يناير 2015 وفي نوفمبر من العام نفسه، نتاج تعاون بين الإرهابيين والمجرمين سهّل انتقال الأسلحة

---

17. Oscar Lopez Fonseca, "Camorra, hashish and Al Qaeda on the Costa del Sol", Publico, Feb 24, 2012: https://blogs.publico.es/oscar-fonseca/462/la-camorra-compra-hachis-a-al-qaeda-en-la-costa-del-sol/

المستخدمة في الهجوم بين 10 مدن حتى وصلت إلى باريس مكان تنفيذ العملية، حيث استخدمت فيها أسلحة من منطقة البلقان خاصة صربيا وكرواتيا والبوسنة. وشملت تلك المدن العشر بالترتيب كما يتضح من الشكل رقم (2) أدناه بارتيزانك في صربيا، ثم مارسينيل في بلجيكا، ثم اينتيغ إن ويب في فرنسا، ثم لودينسارت في بلجيكا، ثم انتقلت بين مدن عدة في فرنسا وبدءاً بهاوبوردين ثم فيلينوف دو أسك ثم لومي ثم فيلينوف دو أسك مرة أخرى ثم فونتيني أو غوسيس وصولاً إلى باريس مكان تنفيذ الهجوم الإرهابي[18].

إلى جانب ذلك كشفت التحقيقات في الهجمات الإرهابية التي وقعت في باريس وبروكسل في نوفمبر 2015 ومارس 2016 على التوالي تورط عدد من العناصر الإرهابية التي نفذتها في أعمال إجرامية، بما في ذلك تهريب المخدرات والتواصل مع جماعات الإجرام المنظم المتخصصة في تهريب الأسلحة وتزوير الوثائق.

كما كشفت تحقيقات تالية قامت بها السلطات الفرنسية والسلطات البلجيكية عن تعاون تلك العناصر الإرهابية مع شبكات تهريب المهاجرين من أجل تسهيل انتقال بعضهم إلى داخل منطقة الاتحاد الأوروبي حتى

---

18. Von Stefan Candea, Jürgen Dahlkamp, et la, "The Path to Death: How EU Failures Helped Paris Terrorists Obtain Weapons?", Spiegel International, March 24, 2016: https://www.spiegel.de/international/europe/following-the-path-of-the-paris-terror-weapons-a-1083461.html

يتسنى لهم الاستفادة من اتفاقية الشينغن التي تسهل التنقل بين المدن الأوروبية[19].

شكل (1)
مسار تهريب الأسلحة المستخدمة في الهجوم الإرهابي في باريس 2015

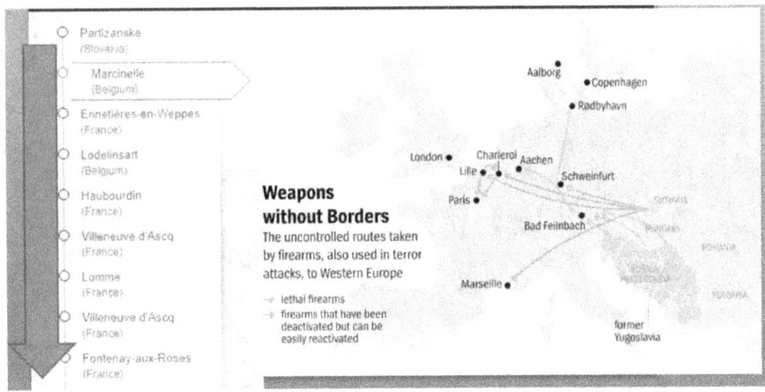

المصدر: Von Stefan Candea, Jürgen Dahlkamp, et la, Op.Cit.

ومن الأمثلة الأخرى على تعاون الكيانات الإرهابية مع شبكات الإجرام المنظم، تعاون بشير نورزاي أحد زعماء تهريب الهروين في أفغانستان مع تنظيم القاعدة هناك، وقد اعتقلته السلطات الأمريكية عام 2005 بسبب قيامه بتهريب ما تعادل قيمته 50 مليون دولار من الهروين إلى الولايات

---

19. Europol, Op.Cit., pp. 55-56.

المتحدة الأمريكية على مدار 14 عاماً، كما كان يوفر لعناصر القاعدة العاملة في باكستان كل ثمانية أسابيع 2000 كلجم من الهروين، وهو ما وفر لأسامة بن لادن زعيم تنظيم القاعدة حينها دخلاً سنوياً بقيمة 28 مليون دولار[20].

كذلك سيطرت المافيا الألبانية خلال التسعينيات على مسارات متعددة لتهريب الهروين في منطقة البلقان، وجمعت ملايين عدة من الدولارات التي استخدمت حينها من قبل "جيش تحرير كوسوفا" لشراء الأسلحة، وهذا الكيان صنف على أنه كيان إرهابي في تصريحات عدة لمسؤولين في إدارة الرئيس الأمريكي الأسبق بيل كلينتون منهم المبعوث الأمريكي الخاص لكوسوفو روبيرت جيلبارد[21]، وهو ما جعل كوسوفا تسمى في عام 1999 باسم "كولومبيا الأوروبية"[22]، ثم في السنوات التالية أعلن "جيش تحرير كوسوفا" تخليه عن الأنشطة الإرهابية وتحوله إلى كيان سياسي[23].

---

20. Angelina Stanojoska,"The Connection Between Terrorism and Organized Crime: Narcoterrorism and The Other Hybrids", March 2011, paper presented in a conference entitled " Combating Terrorism – International Standards and Legislation", p. 5

21. United States Senate, Republican Policy Committee, "The Kosovo Liberation Army: Does Clinton Policy Support Group with Terror, Drug Ties?", March 31, 1999: https://irp.fas.org/world/para/docs/fr033199.htm

22. Angelina Stanojoska, Op.Cit., p.7

23. United States Senate, Republican Policy Committee, Op.Cit.

والجدير بالذكر أن التعاون بين الكيانات الإرهابية وجماعات تهريب المخدرات يوفر لها المرونة والاستقلال المالي وحرية الحركة، كما يمكّنها ذلك من السيطرة على المجتمعات التي تعمل فيها خاصة بعد إقبال شبابها على تعاطي الهروين وما يصاحب ذلك من انتشار الفساد وفتح طرق جديدة لتهريب الهروين ولتسهيل تحرك العناصر الإرهابية.

إلى جانب ذلك، أعلنت البوسنة عام 2004 القبض على 14 مسؤولاً حكومياً سابقاً بتهمة مساعدة 700 عنصر إرهابي في الحصول على الجنسية البوسنية[24]. كما اتخذت الحكومة البوسنية إجراءات عدة ضد الأنشطة الاقتصادية غير المشروعة وضد عدد من المؤسسات الخيرية التي كانت تهدف إلى تمويل أنشطة الجماعات الإرهابية. ومن ذلك "منظمة الحرمين الإسلامية" التي لها فروع في 55 دولة وميزانية سنوية تقدر بقيمة 57 مليون دولار أمريكي. وكشفت السلطات البوسنية بعد مصادرتها لمقتنيات هذه المنظمة إثر اقتحام مقرها أنها خططت لاغتيال عدد من قوات حفظ السلام في البوسنة. كما تنشط في البوسنة "جمعية إحياء التراث الإسلامي" التي لها صلات بتنظيم القاعدة[25].

---

24. Lyubov G. Mincheva and Ted Robert Gur, "Unholy Alliances: Evidence on Linkages between Trans-State
Terrorism and Crime Networks: The Case of Bosnia", in: Wolfgang Benedek et la.,
Transnational Terrorism, Organized Crime
and Peace-Building: Human Security in the Western Balkans, (London: Palgrave
Macmillan, 2010) pp.202-203

25. Ibid., p.203

كما اقتحم البوليس البوسني مقر "جمعية البر الدولية" والمعروفة باسم Benevolence International Foundation (BIF) في عام 2002 في إطار التعاون الاستخباري مع الولايات المتحدة، وذلك لاتهام الجمعية بوجود علاقات بينها وتنظيم القاعدة، وعثرت السلطات البوسنية على أسلحة ووثائق سفر مزورة وصور لأسامة بن لادن، ووثائق تفيد بأن رئيس الجمعية "إنعام أرناؤوط " كان يعمل مع آخرين منهم أعضاء في القاعدة "لشراء الصواريخ ومدافع الهاون والبندقيات والقنابل الهجومية والدفاعية، وتوزيعها على مختلف مخيمات المقاتلين، بما فيها المخيمات التي تديرها القاعدة"[26].

وبعدها أدرجت الجمعية على "القائمة الخاصة بالأمم المتحدة المتعلقة بالكيانات المرتبطة بتنظيم القاعدة أو أسامة بن لادن أو حركة طالبان"، بسبب "المشاركة في تمويل أعمال أو أنشطة يقوم بها أسامة بن لادن أو تنظيم القاعدة، أو التخطيط لهذه الأعمال أو الأنشطة أو تيسير القيام بها أو الإعداد لها أو ارتكابها، أو المشاركة في ذلك معهما أو باسمهما أو بالنيابة عنهما أو دعمهما أو توريد الأسلحة وما يتصل بها من معدات إليهما أو بيعها لهما أو نقلها إليهما أو دعم أعمالهما أو أنشطتهما بطرق أخرى"[27]. كما تمت

---

26. مجلس الأمن التابع للأمم المتحدة، تعريف بجمعية البر الدولية Benevolence International Foundation (BIF)، الموقع الرسمي لمجلس الأمن:
https://www.un.org/securitycouncil/ar/sanctions/1267/aq_sanctions_list/summaries/entity/benevolence-international-foundation

27. المرجع السابق.

محاكمة رئيس الجمعية في الولايات المتحدة بتهمة التزوير لصالح تنظيم القاعدة، وحكم عليه بالسجن لمدة 11 عاماً[28].

بالإضافة إلى ذلك، تعد حركة طالبان في أفغانستان التي كانت مصنفة من قِبل الأمم المتحدة على أنها كيان إرهابي وتخضع لإجراءات عقابية محددة استناداً لقرار مجلس الأمن 1267[29]، حالة أخرى استطاعت أن تطور علاقات تعاون مع جماعات تهريب المخدرات. فرغم إعلان طالبان منذ سقوط الحكومة في نوفمبر 2001 أنها تحارب زراعة المخدرات فإن ذلك لم يؤد إلى تراجع الرقعة المزروعة في أفغانستان، بل على العكس امتدت زراعة الحشيش إلى 60% من الأراضي الأفغانية، وظلت أفغانستان أكبر منتج للحشيش في العالم، واتجهت حركة طالبان لفرض ضرائب على الأنشطة كلها ذات الصلة بالاتجار في المخدرات بصفة عامة. فعلى سبيل المثال يشير "مركز مكافحة الجريمة والاتجار في المخدرات" الأمريكي إلى أن معامل

---

28. Lyubov G. Mincheva and Ted Robert Gur, Op.Cit., p 203.

29. منذ إعلان توصل الإدارة الأمريكية لاتفاق سياسي مع حركة طالبان تراجع عدد من الدول الأعضاء في الأمم المتحدة عن تصنيفها كياناً إرهابياً ولكن لاتزال تلك الدول ملتزمة بالإجراءات العقابية المحددة في قرار مجلس الأمن 1267. كما أن الخزانة الأمريكية لاتزال تصنف حركة طالبان على أنها كيان إرهابي استناداً إلى الأمر الرئاسي التنفيذي رقم 13224. انظر موقع وزارة الخزانة الأمريكية في هـذا الخصــوص: https://home.treasury.gov/policy-issues/financial-sanctions/faqs/topic/2396

انظر أيضاً: منظومة العقوبات المطبقة على حركة طالبان من قبل الحكومة الأسترالية:

Australian Government -Department of Foreign Affairs and Trade, The Taliban sanctions regime: https://www.dfat.gov.au/international-relations/security/sanctions/sanctions-regimes/Pages/the-taliban-sanctions-regime

تصنيع الهيروين تدفع 70 دولاراً للكيلو، وتمنح طالبان سائقي سيارات نقل الهيروين إذناً مقابل 250 دولاراً للكيلو حتى يتم نقله للعرض على القائمين على نقاط التفتيش التابعة لطالبان، وهو ما يوفر 75 مليون دولار في السنة لطالبان[30].

الاندماج

يعبر هذا النمط من العلاقات عن أقصى درجات التداخل بين الكيانات الإرهابية وجماعات الإجرام المنظم العابرة للحدود، حيث يندمجان بالكامل في كيان جديد مهجن Hybrid Entity يجمع بين صفات الإجرام والإرهاب في الوقت نفسه.

ودرج على تسمية مرحلة الاندماج هذه باسم "متلازمة الثقب الأسود"، لأنها المرحلة التي يحدث فيها تغيير في الكيان نتيجة اكتسابه صفات ليست متسقة مع طبيعته أو نتيجة قيامه بأنشطة لا تتماشى مع طبيعته. فالكيان الجديد المهجن قد يكون تنظيماً "إجرامياً مؤدلجاً" عندما يكتسب الكيان الإجرامي صفات إرهابية، أو كيان "إرهابي إجرامي" عندما يكتسب الكيان الإرهابي صفات إجرامية.

---

30. Center for Strategic and International Studies, "The Threat Posed from the Convergence of Organized Crime, Drug Trafficking, and Terrorism", Statement before the U.S. House Committee on the Judiciary Subcommittee on Crime, December 13, 2000.

ويكشف تحليل حالة عدد من الكيانات التي مرت بهذه المرحلة، عن نتيجتين رئيسيتين. النتيجة الأولى أن عملية الاندماج هذه في حالة الكيان "الإرهابي الإجرامي" تنتج عن انضمام أعضاء جدد من خلفيات إجرامية للكيان، وفي حالة الكيان "الإجرامي المؤدلج" تنتج عن انضمام عناصر إرهابية للكيان، وصعودها في الهيكل القيادي للكيان على نحو يقود لتغيير الدافع المحرك للكيان. ففي حالة الكيان "الإرهابي الإجرامي" يصبح الدافع الرئيسي لممارسة أي أنشطة إرهابية هو الحصول على العائد المادي، بينما يصبح الدافع الرئيسي لممارسة أي أنشطة في حالة الكيان "الإجرامي المؤدلج" هو تحقيق هدف سياسي ما يتسق مع الأيديولوجية الخاصة بالكيان.

وتنصرف النتيجة الثانية إلى أن عملية الاندماج هذه تبدأ عادة بحدوث تغيير في التكتيك والأنشطة الخاصة بالكيان. ففي حالة الكيانات الإرهابية تبدأ بقدراتها الذاتية في تنفيذ أنشطة وعمليات ليست ذات صفة إرهابية وإنما ذات طبيعة إجرامية، وذلك من أجل تحقيق أهداف عملياتية، ومن تلك الأنشطة تزوير الوثائق لتسهيل السفر، وتهريب الأسلحة عبر الحدود وغيرها.

وفي حالة الكيانات الإجرامية تقوم بقدراتها الذاتية بتنفيذ بعض الأنشطة ذات الصفة الإرهابية وذلك من أجل تحقيق أهداف عملياتية، مثل الترويج الإعلامي لبعض الأنشطة الإجرامية التي يقومون بها.

وفي حالات محددة يلي تغيير التكتيك والأنشطة الخاصة بالكيان حدوث الاندماج الكامل على نحو يولد كياناً "إرهابياً إجرامياً" أو تنظيماً "إجرامياً مؤدلجاً".

وبصفة عامة، يعد تغيير تكتيك الكيانات الإرهابية باتجاه ممارسة بعض الأنشطة الإجرامية هو الأكثر شهرة، ومن الأمثلة المتعارف عليها في هذا الصدد خلية الزيرقاني Zerkani في بلجيكا التي كانت متمركزة في مدينة مولونبيك ويرأسها خالد الزيرقاني. وكانت هذه الخلية قد بايعت تنظيم داعش، ونفذت أنشطة عدة مخالفة للقانون البلجيكي من أجل الحصول على السلاح ولتسهيل نقل الإرهابيين من بلجيكا إلى سوريا والعكس. وقد حكمت المحاكم البلجيكية على خالد الزيرقاني بالسجن 15 عاماً لاتهامه بتجنيد من سمتهم المحكمة "الإسلاميين" بما في ذلك بعض منفذي الهجمات الإرهابية في باريس وبروكسل[31].

كما تشير بيانات الحكومة الفرنسية إلى أن حزب العمال الكردستاني الذي تصنفه تركيا على أنه جماعة إرهابية يفرض ضرائب على مهربي المخدرات ويشارك في الاتجار غير المشروع فيها، لاسيما تلك المهربة من دول آسيا الوسطى باتجاه السوق الأوروبية خاصة ألمانيا وفرنسا. وتقدر السلطات الفرنسية إجمالي ما يهربه الحزب إلى داخل باريس بنحو 80% من إجمالي الهيروين الذي يهرب إلى باريس سنوياً[32].

وهناك حالات محدودة لكيانات إجرامية مارست بعض أشكال الأنشطة الإرهابية. ومنها المافيا الإيطالية في سيسيلي التي نفذت عمليات إرهابية في

---

31. "Brussels jihadists: Belgian recruiter Zerkani given longer term", BBC News web portal, 14 April 2016: https://www.bbc.com/news/world-europe-36042877

32. Center for Strategic and International Studies, Op.Cit.

تسعينيات القرن العشرين. حيث اتجهت الحكومة الإيطالية عام 1982 لتبنّي قانون يسمح بمصادرة ممتلكات المافيا، وكان ذلك سبباً في اتجاه المافيا لتنفيذ أنشطة إرهابية عدة من أجل الضغط على الحكومة للتخلي عن ذلك القانون. ومنذ عام 1991 بدأت المافيا تنفذ عمليات إرهابية ضد المقاصد الثقافية والسياحية في إيطاليا. كما فجرت عام 1993 سيارة أمام معرض يوفيزي في فلورنسا وأدى هذا التفجير إلى مقتل خمسة وجرح العشرات، ثم نفذت تفجيرات مماثلة في كنيستين رومانيتين وفي معرض الفن الحديث. وتوقفت المافيا عن تنفيذ هذه الأنشطة الإرهابية مع تراجع الحكومة عن مصادرة أموالها وثرواتها[33].

وفيما يتعلق بحدوث الاندماج الكامل على النحو السابق توضيحه، فإن الحالات التي شهدت هذا الاندماج في مناطق عدة في العالم كانت كيانات إرهابية إجرامية تعرف باسم "Narco terrorism"، حيث تقوم هذه الكيانات باستخدام الأموال الناتجة عن تهريب المخدرات في تمويل أنشطتها الإرهابية. وتعد منظمة فاركFARC في كولومبيا من الأمثلة الأكثر شهرة في هذا الصدد. حيث كانت هذه المنظمة في البداية توفر الحماية لتجار المخدرات مقابل الحصول على المال في شكل ضرائب منهم يتم دفعها نقداً أو على شكل سلاح تستخدمه في عملياتها الإرهابية. وتقدر مصادر أمريكية قيمة هذه الضرائب بنحو 15.70 دولار للكيلو من الكوكايين المصنع في المعامل

---

33. Angeleina,Op.Cit., p.7

و4210 دولارات للهكتار من الخشخاش و5263 دولاراً للتهريب عبر الرحلات الدولية و2631 دولاراً لحماية الشحنات عند هبوط الطائرات في الوجهة المخطط لها[34].

ومنذ منتصف تسعينيات القرن العشرين، بدأت منظمة فارك في الانخراط في أنشطة تصنيع الكوكايين وأصبحت تمارس دور الوسيط بين المزارعين ومالكي المعامل التي تتم فيها معالجة الكوكايين. ويقدر الخبراء أن ما يزيد على نصف ميزانية فارك يأتي من زراعة المخدرات والاتجار فيها بشكل غير مشروع بما يعادل سنوياً 70 مليون دولار، والباقي يأتي من عمليات الخطف وغيرها من الأنشطة الإجرامية[35].

ومن المهم لفت الانتباه إلى أن اتجاه الكيانات الإرهابية لممارسة الأنشطة الإجرامية من أجل الحصول على المال ليس ظاهرة جديدة، ولكن الجديد هو انخراط عناصر لها خلفيات إجرامية ولها قدرة على استخدام أدوات وشبكات وموارد الإجرام المنظم في الإرهاب، وهو ما يمثل جرس إنذار لاسيما في ظل تسارع عمليات تحول من يؤمنون بالفكر المتطرف إلى ممارسين للفعل الإرهابي بعد فترة وجيزة لا تتجاوز أسابيع عدة بعدما كانت خلال عام 2014 تقدر بنحو 6 أشهر.

---

34. Angeleina,Op.Cit.,p. 5

35. Center for Strategic and International Studies, Op.Cit.

ويلاحظ أنه عادة ما ينجح الإرهابيون في استقطاب عناصر إجرامية لا تمارس أي دور قيادي في شبكات الإجرام المنظم أيضاً، ولكن لديهم خبرة في غسل الأموال وتهريب المهاجرين وتهريب الأسلحة والهروين وتهريب الممتلكات.

ثالثاً: الأسباب المفسرة لتداخل الإرهاب مع الجريمة المنظمة العابرة للحدود

وهذا الوضع يقودنا إلى سؤال رئيسي مفاده ما الأسباب التي تدفع الكيانات الإرهابية لإنشاء صلات وعلاقات مع جماعات الجريمة المنظمة رغم وجود اختلافات فيما بينهما على النحو السابق توضيحه في القسم السابق من هذه الدراسة؟

وفي مسعى للإجابة على هذا السؤال، يمكن تحديد مجموعة من الأسباب منها الآتي:

- الأسباب المالية، حيث تولّد الأنشطة الإجرامية بصفة عامة موارد مالية تحتاجها الكيانات الإرهابية للحفاظ على بقائها، وهذا يذكرنا بتصريح وزير الخارجية الأمريكي الأسبق كولين باول عام 2001 حين قال إن "المال هو أكسجين الإرهاب". كما تحتاج الجماعات الإجرامية إلى المال دوماً وقدرتها على الاستمرار في تنفيذ أنشطتها الإجرامية المدرة للمال تتطلب في حالات عدة التعاون مع الإرهابيين.

- المهارات الخاصة بالمجرمين، فالشخص الذي له خلفية إجرامية بالنسبة إلى الكيانات الإرهابية هو "إرهابي لم يجند بعد"، لأن لديه عدداً من

السمات منها القدرة على المخاطرة، وعلى جمع الأموال من خلال الأنشطة الإجرامية مثل بيع المخدرات، ولا يتردد في اللجوء إلى العنف ولديه خبرة جيدة في ذلك، ولديه قدرة على الوصول لشبكات الإجرام المنظم التي تحتاجها التنظيمات الإرهابية من أجل شراء السلاح ونقله عبر الحدود وتزوير الوثائق وغسل الأموال.

- جاذبية الكيانات الإرهابية خاصة الدينية منها للمجرمين، إذ ينظر المجرمون إلى التعاون مع الكيانات الإرهابية خاصة الدينية منها كوسيلة لـ "الخلاص". ويلاحظ أن تنظم داعش دأب من خلال الأدوات الإعلامية المختلفة التي يوظفها في المجتمعات الأوروبية على استخدام هذه المسألة في جذب عناصر إجرامية من المناطق الأكثر فقراً وتهميشاً في دول أوروبية عدة وإقناعهم للانضمام إلى صفوفه باعتبار أن انضمامهم إليه هو الوسيلة لخلاصهم من الذنوب الناتجة عن ارتكابهم الجرائم.

فعلى سبيل المثال رصد المركز الدولي لدراسة الراديكالية قيام جماعة "راية التوحيد" المعروفة بانتمائها إلى داعش والتي تتخذ من لندن مقراً لها إطلاقها حملة "راية الله" التي تروج لفكرة رئيسية ذات صلة بموضوع الخلاص، وهي أن "المجرمين يملكون أسوأ تاريخ ولكنهم يستطيعون أن يصنعوا مستقبلاً أفضل" من خلال الانضمام إلى صفوف الجماعة[36].

---

36. Charlie Bayliss, "ISIS recruits European criminals by promising REDEMPTION if they join heinous terror cult, Express news portal", Oct 11, 2016: https://www.express.co.uk/news/uk/719727/ISIS-International-Centre-Study-Radicalisation-Rayat-Al-Tawheed-Banner-of-God

- تزايد استخدام الإنترنت من قِبل الإرهابيين والمجرمين يزيد من مساحات التفاعل والتقارب بينهما بأشكال متعددة، لاسيما استخدام الإنترنت المظلم dark web والإنترنت العميق deep web اللذين يمثلان 96% من شبكة الإنترنت، بينما يمثل الـ 4% المتبقية ما يسمى الشبكة السطحية surface web التي بإمكان أي شخص استخدامها وتتاح عليها مواقع جوجل والفيسبوك وتويتر وغيرها.

حيث أصبح من المتعارف عليه لدى المؤسسات الأمنية استخدام الإرهابيين والمجرمين للإنترنت في: تجنيد عناصر جديدة والتخطيط والعمليات النفسية وتوفير الدعم اللوجستي وجمع الأموال؛ كمنصة لممارسة الإجرام الإلكتروني، مثل: (قرصنة الفيديو، وتزوير بطاقات الائتمان، وبيع المخدرات، وغسل الأموال وغيرها)؛ كما يتعلم الإرهابيون من المجرمين كيفية التواصل من خلال الإنترنت بطريقة لايمكن تتبعها أو اختراقها من قِبل الأجهزة الأمنية (الرسائل المشفرة وغيرها).

رابعاً: الوضع في منطقة الشرق الأوسط وشمال أفريقيا

تتطلب مناقشة العلاقة بين الإرهاب والجريمة المنظمة العابرة للحدود في منطقة الشرق الأوسط وشمال أفريقيا التمييز بين مستويين، المستوى الأول خاص بالسياسات الأمنية التي تنفذ في دول المنطقة. ويتعلق المستوى الثاني بالتفاعلات العملية بين الكيانات الإرهابية العاملة في المنطقة وشبكات الإجرام المنظم العابرة للحدود.

بالنسبة إلى المستوى الأول، يلاحظ إدراك المؤسسات الأمنية في دول منطقة الشرق الأوسط وشمال أفريقيا للتغير الحادث في تصورات المؤسسات الأمنية في أوروبا والتي أصبحت أكثر إدراكاً للتداخل الحاصل في أنشطة الكيانات الإرهابية وشبكات الإجرام المنظم على النحو السابق بيانه في القسم الثاني من هذه الدراسة. ولكن هذا الإدراك لم ينعكس بعد في تغير التصورات السائدة في معظم المؤسسات الأمنية في المنطقة، والتي لاتزال تفصل سياسات مكافحة الكيانات الإرهابية عن سياسات مكافحة جماعات الجريمة المنظمة العابرة للحدود.

أما فيما يتعلق بالمستوى الثاني، والخاص بواقع التفاعلات بين الكيانات الإرهابية العاملة في المنطقة وشبكات الإجرام المنظم العابرة للحدود. فإن هناك حالات عدة في المنطقة تكشف عن تنامي العلاقات بين الكيانات الإرهابية وشبكات الجريمة المنظمة على نحو يمثل انعكاساً للأنماط الثلاثة للعلاقة السابق توضيحها. ويحلل هذا الجزء من الدراسة أربع حالات رئيسية تشمل تنظيم داعش في العراق وسوريا، وحالة ما يسمى "العصابات الإسلاموية" في تونس، وعمليات تهريب الأسلحة عبر الحدود في منطقة شمال أفريقيا، وحالة بوكوحرام في غرب أفريقيا.

-داعش في العراق وسوريا

تتعلق الحالة الأولى بتنظيم داعش في العراق وسوريا. فمنذ إعلان تنظيم داعش عن قيام دولته في العراق وسوريا في 10 يونيو 2014، قام بعدد من

الممارسات التي كشفت عن دخول التنظيم مرحلة متلازمة الثقب الأسود السابق توضيحها. أي إنه لم يعد يتعاون مع شبكات الجريمة المنظمة لتحقيق مصالح ذات طبيعة موقفية، وإنما يمارس بعض الأنشطة ذات الطابع الإجرامي على نحو يجعل منه كياناً إرهابياً إجرامياً.

ومن المهم لفت الانتباه إلى أن هذا التطور، الذي يعبر عنه تنظيم داعش، أحدث تغييراً كبيراً في العلاقة بين الإرهاب والجريمة المنظمة، على نحو أوجد أشكالاً جديدة لتلك العلاقة فبدأت كيانات إرهابية في مناطق أخرى من العالم تتعلم منها من أجل الحفاظ على بقائها.

فمن ناحية، نجح تنظيم داعش في استقطاب عناصر جديدة في صفوفه لها خلفيات إجرامية من خلال تقديمه "خطاب الخلاص" لهؤلاء من ماضيهم الإجرامي، وتصوير الانضمام إليه على أنه وسيلة لتكفير المجرمين عما ارتكبوه من جرائم في حق الأبرياء. ومن ذلك الحملة التي روجت لها جماعة "راية التوحيد" المنتمية إلى داعش والسابق ذكرها، والتي ترتكز على خطاب الخلاص لجذب العناصر الإجرامية للانضمام إلى صفوفها، وقد حلل تقرير المؤشر العالمي للإرهاب عام 2018 الذي يصدر عن معهد الاقتصاد والسلام، 12 دراسة سعت إلى تحديد الإرهابيين ذوي الخلفيات الإجرامية، وتشير نتائج هذه الدراسات إلى أن السلطات الألمانية وجدت أن 66% من إجمالي الألمان الذين انضموا إلى صفوف داعش في العراق وسوريا كإرهابيين أجانب خلال الفترة ما بين الأعوام 2012-2016 والذين كان عددهم 778

عنصراً كانوا من خلفيات إجرامية، وأعلنت السلطات الهولندية أنه من بين 319 هولندياً حاولوا السفر للانضمام إلى داعش كان 64% منهم من خلفيات إجرامية. وأنه في فرنسا خلال الأعوام من 2013 إلى 2016 بلغ عدد الفرنسيين الذين انضموا إلى داعش في العراق وسوريا 265 فرنسياً منهم 48% من خلفيات إجرامية[37].

كما يشير التقرير ذاته إلى أن دراسة للمركز الدولي لدراسات الراديكالية شملت عينة من الإرهابيين الأوروبيين كان 67% منهم إرهابيين أجانب في صفوف داعش في العراق وسوريا و38% نفذوا هجمات إرهابية في أوروبا، ووجدت الدراسة أن 57% من العينة قضوا وقتاً في السجون، و18% تبنّوا الفكر الإرهابي أثناء وجودهم في السجون، وأن 70% من الإرهابيين الذين استقطبهم داعش من خلفية إجرامية ونفذوا جرائم صغيرة، ونحو 67% منهم نفذوا جرائم عنيفة، و19% نفذوا أعمال تهريب[38].

وتكمن أهمية خطاب الخلاص الذي يقدمه تنظيم داعش لهؤلاء في أنه يبرر استمرارهم في تنفيذ الأنشطة الإجرامية بعد انضمامهم إلى التنظيم من أجل توفير التمويل اللازم له.

---

37. The Institute for Economics and Peace, GLOBAL TERRORISM INDEX 2018: Measuring the impact of terrorism", Sydney, November 2018, p.60.

38. Ibid., p.61

ونتيجة لاستقطاب داعش هذا النوع من الأعضاء، امتلك القدرة على تنفيذ العديد من الأنشطة الإجرامية من أجل توفير الموارد المالية، ومن أجل جذب عناصر جديدة للانضمام إلى صفوفه، ومنها أنشطة الاتجار غير المشروع في النفط وتهريب البشر.

واستناداً إلى تقرير لجنة الاستماع في الكونغرس الأمريكي التي عقدت في 7 سبتمبر 2018 حول وسائل تمويل الجماعات الإرهابية، نجح التنظيم في توليد 81 مليون دولار شهرياً من جمع الضرائب ومبيعات النفط في السوق السوداء ومن أنشطة التهريب[39].

ومن ناحية أخرى، يمارس تنظيم داعش العديد من أنشطة غسل الأموال من أجل تمويل بقايا التنظيم في العراق وسوريا. فمنذ إعلان التنظيم عن نفسه في 10 يونيو 2014 بدأ يوسع من نطاق سيطرته في العراق وسوريا ليشمل المناطق التي توجد فيها البنية التحتية اللازمة لاستخراج النفط ونقله إلى خارج العراق وسوريا، وتوضح الخريطة أدناه مناطق السيطرة هذه استناداً إلى بيانات عام 2015[40].

39. US Government publishing office, "Survey of Terrorist Groups and Their Means of Financing", hearing before the subcommittee on terrorism and illicit finance of the committee on financial services, House Hearing, 115 Congress, September 7, 2018.

40. Elena Holodny, "This map shows where ISIS overlaps with major oil refineries", Businessinsider, Sep 29, 2015: https://www.businessinsider.com/map-isis-in-iraq-syria-and-oil-infrastructure-2015-9

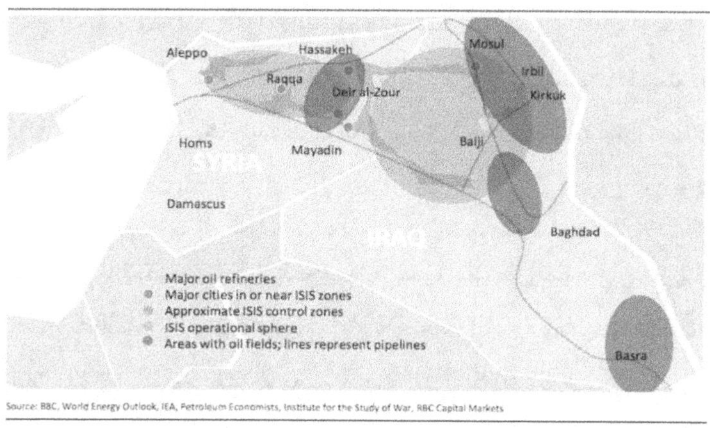

المصدر: Elena Holodny, Op.Cit.

وتزامنت مع إعلان "التحالف الدولي ضد داعش" هزيمة التنظيم مطلع عام 2018 وما عناه ذلك من إنهاء سيطرة التنظيم العسكرية على الأرض في العراق وسوريا، واتهام قيادات التنظيم بتهريب نحو 400 مليون دولار خارج العراق وسوريا. وتشير تقارير استخبارية عدة إلى أن هذه الأموال مستخدمة في استثمارات قانونية في دول كثيرة في الشرق الأوسط، بما في ذلك تركيا، ومعظمها في قطاعات الفنادق والمستشفيات، والمزارع، وبيع السيارات

وشرائها، وذلك إلى جانب قيام بعض الدواعش بشراء كميات كبيرة من الذهب والعملات المشفرة.

وحالياً يوجد في داخل العراق 92 مخيماً كانت منذ عام 2014 تستضيف النازحين، ومنذ عام 2017 أصبحت تستقبل عائلات وأقارب وبقايا تنظيم داعش، ومعظم هذه المخيمات موجودة في الموصل وتكريت والأنبار وكردستان. كما تحتجز السلطات العراقية في السجون التابعة لها نحو 13 ألفاً من أعضاء داعش.

وفي سوريا يوجد عدد من المخيمات أهمها مخيمان موجودان على الحدود العراقية-السورية، وهما مخيم الهول ومخيم الروج. ووفق إحصاءات الأمم المتحدة في سبتمبر 2021 يضم مخيم الهول 57.675 ألف شخص أغلبهم عائلات لعناصر في تنظيم داعش، ويضم مخيم الروج 2500 امرأة وطفل من عائلات أعضاء تنظيم داعش. ومن المهم لفت الانتباه إلى أن أعداد المقيمين في هذه المخيمات في تناقص بسبب اتفاقيات يبرمها القائمون على إدارة المخيمات مع المخاتير وشيوخ القبائل تدور حول إطلاق سراح المحتجزين من النساء والأطفال مقابل تعهد المخاتير بعدم ممارستهم الإرهاب.

وجدير بالذكر أنه حتى نهاية عام 2019 كان هناك مخيم ثالث وهو مخيم عين عيسى على الحدود السورية -التركية ويضم 13000 عنصر من داعش وعائلاتهم، ولكن خلال الفوضى التي صاحبت الاجتياح التركي لشمال شرق

سوريا في ديسمبر 2019 هرب من المخيم 750 عنصراً من داعش وبعدها تم إخلاء المخيم بالكامل.

وتشير مصادر عدة إلى أن بقايا داعش في مخيمي الهول والروج على اتصال بعناصر داعش الموجودين في الخارج، ويقدمون لهم دعماً مالياً من خلال شبكة معقدة من الوسطاء، والهدف الرئيسي من دعمهم مالياً هو الحفاظ على ولائهم لأفكار التنظيم خاصة النساء منهم، وتشجيعهم على تعليم الأطفال في هذه المخيمات عقيدة داعش المتطرفة، وبالفعل يوجد في مخيم الهول مثلاً أنظمة تعليمية خارجة عن سيطرة القائمين على إدارة المخيم وتخضع لسيطرة السيدات المؤمنات بأفكار داعش[41].

كما أن من يتم إطلاق سراحهم من هذه المخيمات عادة ما تتم استضافتهم في مدن ومناطق تخضع لسيطرة قوات سوريا الديمقراطية أو لسيطرة الحكومة السورية، وهي تعد بالنظر للأوضاع الاقتصادية والأمنية فيها بيئة حاضنة مثالية لهذه العناصر للترويج لأفكارهم المتطرفة الداعية للإرهاب من خلال المدارس والكتاتيب وحلقات الدروس الدينية التي يتم تمويلها من شبكة التمويل الخاصة بالتنظيم والتي تعمل خارج حدود العراق وسوريا كما ذكرنا سابقاً.

---

41. Eman Ragab, "Recruitment Strategies of Terrorist Groups in the Mashreq Region Amidst COVID-19", in: Karina Melkonian (ed.), Thriving on Uncertainty: Covid-19-Related Opportunities for Terrorist Groups, EuroMesco Policy Study, N.21, June 2021, pp 46-47.

- حالة "العصابات الإسلاموية" في تونس

تنصرف الحالة الثانية إلى تونس، حيث نشأت في المناطق الحدودية بين تونس والجزائر جماعات تسمى "العصابات الإسلاموية". وهي عصابات تعمل في تهريب المخدرات والأسلحة، ويرتدي أعضاؤها ملابس إسلامية سلفية ويصورون أنفسهم على أنهم "مجاهدون". ويمثلون نموذجاً لاستخدام شعارات "الجهاد" من أجل تبرير الأعمال الإجرامية.

كما تحولت مدينة بين جيردان الواقعة على الحدود التونسية-الليبية إلى مركز للتهريب ولتجنيد العناصر الإرهابية خلال الفترة ما بين الأعوام 2013- 2015، وشهدت في مارس 2016 هجوماً إرهابياً يهدف لإعلانها إمارة إسلامية تابعة لداعش، وكان أكثر من 80% من المشاركين في العمل الإرهابي يقومون بأعمال تهريب. وتشير تحقيقات السلطات التونسية إلى أن المهربين شاركوا في عملية التخطيط لهذا الهجوم خاصة ما يتعلق بنقل الأسلحة عبر الحدود مع ليبيا وتوفير مخبأ آمن للإرهابيين قبل تنفيذ الهجوم وبعده[42].

---

42. See: - "Border attack feeds Tunisia fears of Libya jihadist spillover", Rueters, March 13, 2016: https://www.reuters.com/article/us-tunisia-security-idUSKCN0WF072

- "Tunisia kills militants near Libya border", BBC, March 7, 2016: https://www.bbc.com/news/world-africa-35743185

- تهريب الأسلحة عبر الحدود في منطقة شمال أفريقيا

وتتعلق الحالة الثالثة بعمليات تهريب الأسلحة عبر الحدود في منطقة شمال أفريقيا، التي تستخدم لتعزيز القدرات العسكرية للكيانات الإرهابية النشطة في هذه المنطقة، وتنفذ هذه العمليات بمساعدة من الشبكات الإجرامية المتخصصة في تهريب الأسلحة عبر الحدود.

واستناداً إلى تقرير معهد سيبري لعام 2019، فإنه خلال الفترة ما بين الأعوام 2014-2018 تم نقل عدد كبير من الأسلحة لاسيما الصواريخ المضادة للدبابات من نوعي "كورنيت" و"إستريلا" إلى حركة حماس في قطاع غزة بعضها مصنوع في إيران وبعضها مجهول المصدر وبعضها الثالث من مخازن الأسلحة في ليبيا بعد سقوط النظام فيها عام 2011 وتم تهريبها إلى هناك عبر مصر والسودان.

كما يشير التقرير إلى حصول الجماعة الحوثية خلال الفترة نفسها على أسلحة مصنعة في إيران بطريق غير مشروع من خلال شبكات عدة.

إلى جانب ذلك، وبخلاف الأسلحة، فقد حصلت الكيانات الإرهابية والجماعات المسلحة في ليبيا وتلك النشطة في شمال سيناء على عربات الدفع الرباعي اليابانية من نوع تويوتا من خلال سوق سوداء يصعب تتبعها.

ويكشف تحليل عن 40 ألف قطعة سلاح تمت مصادرتها في ضوء العمليات العسكرية ضد تنظيم داعش في سوريا والعراق خلال الفترة ما بين الأعوام

2014 و2017 وأن عدداً كبيراً من الأسلحة حصل عليها التنظيم من خلال التعاون مع جماعات الجريمة المتخصصة في تهريب الأسلحة وبيعها بصورة غير مشروعة، وكما يتضح من الشكل أدناه فإن الجزء الأكبر من تلك الأسلحة كان مصنعاً في الصين ورومانيا وروسيا وهنغاريا وبلغاريا، وكان 43.5% من تلك الأسلحة مصنعاً في الصين[43].

شكل (3)

مصادر الأسلحة الخاصة بتنظيم داعش

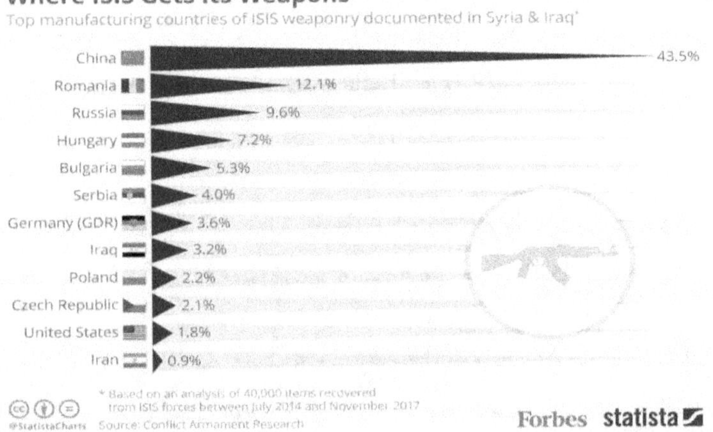

المصدر: "Where ISIS Gets Its Weapons",Op.Cit.

---

43. "Where ISIS Gets Its Weapons", Dec 19, 2017, Statista:

https://www.statista.com/chart/12330/where-isis-gets-its-weapons/

- حالة تنظيم بوكوحرام في غرب أفريقيا

وتتمثل الحالة الرابعة في تنظيم بوكوحرام في أفريقيا، حيث يعد هذا التنظيم من أهم التنظيمات الإرهابية النشطة في غرب أفريقيا ويمتد نشاطه لمنطقة الساحل والصحراء. ومنذ إعلان تنظيم داعش قيام دولته في يونيو 2014 أعلن تيار في تنظيم بوكوحرام ولاءه لداعش حتى بات يعرف باسم "ولاية داعش في غرب أفريقيا".

ويمارس تنظيم بوكوحرام أنشطة إجرامية عدة، منها الاتجار بالبشر بهدف تعزيز قدراته ككيان إرهابي، حيث تساعد أنشطة الاتجار بالبشر التي يستخدمها في التجنيد الإجباري لأعضاء جدد، وفي توفير مصادر تمويل جديدة لدعم العمليات الإرهابية التي ينفذها. فعلى سبيل المثال، يقوم التنظيم باختطاف الأطفال دون سن 12 عاماً وإجبارهم على العمل لصالحه في مهن الطبخ والتجسس ونقل الرسائل وفي أعمال الحماية الشخصية.

كما تزايد، مؤخراً، استخدام التنظيم للأطفال في تنفيذ عمليات انتحارية في نيجيريا والكاميرون وتشاد (يتزايد بمعدل 10 مرات سنوياً)[44]. ويشير تقرير مجلس العلاقات الخارجية الأمريكي إلى أن واحدة من بين كل ثلاث فتيات ينفذن عمليات انتحارية لصالح بوكوحرام تكون قاصراً[45].

---

44. US Office To Monitor and Combat Trafficking in Persons, 2020 Trafficking in Persons Report, pp.378-381

45. Jamille Bigio, "How violent extremist groups profit from the trafficking of girls", November 10,2019, The Hill web portal: https://thehill.com/opinion/international/465408-how-violent-extremist-groups-profit-from-the-trafficking-of-girls?rnd=1570810804

إلى جانب ذلك، يعمل بوكوحرام على اختطاف الفتيات والنساء واستخدامهن في تضليل قوات مكافحة الإرهاب أو أخذهن كرهائن يتم إطلاق سراحهن مقابل فدية أو مقابل الحصول على عناصره المعتقلة لدى قوات مكافحة الإرهاب.

وما يساعد بوكوحرام على هذه الأنشطة هو وضع نيجيريا، حيث تعد دولة عبور لجماعات الاتجار بالبشر، كما تعد مصدراً ونقطةَ عبور ووجهةً للاتجار في الأطفال والنساء[46].

خامساً: مستقبل العلاقة بين الإرهاب والجريمة المنظمة العابرة للحدود

تتطلب مناقشة مستقبل العلاقة بين الإرهاب والجريمة المنظمة تحديد المتغيرات التي تؤثر في هذه العلاقة، ثم تحليل هل تدفع هذه المتغيرات نحو تقوية هذه العلاقات أم تؤدي إلى إضعافها؟

ويمكن في هذا السياق تحديد عدد من المتغيرات التي تؤثر في العلاقات بين الكيانات الإرهابية وجماعات الإجرام المنظم، وهي تشمل تنامي الجهود الوطنية والإقليمية والدولية المعنية بمكافحة الإرهاب منذ أحداث 11

---

46. Keshar Patel, "Boko Haram: Spotlight on Human Trafficking", World Policy Journal, MAY 22, 2014: http://worldpolicy.org/2014/05/22/boko-haram-spotlight-on-human-trafficking/

سبتمبر 2001، والتطور التكنولوجي الكبير وتأثيره في نواحٍ عدة، والأزمة الناتجة عن جائحة كورونا "كوفيد-19". وفيما يلي تحليل لتأثير كل من هذه المتغيرات على حدة.

1-تنامي جهود مكافحة الإرهاب منذ أحداث 11 سبتمبر 2001، وهو ما يخلق صعوبات وتحديات للكيانات الإرهابية للحصول على ما تحتاجه من أسلحة وموارد لوجستية من أجل تنفيذ عملياتها.

كما هو موضح في الشكل أدناه، تمر عملية تنفيذ أي نشاط إرهابي بخمس خطوات، تبدأ باختيار الهدف أو المكان الذي سينفذ فيه الهجوم الإرهابي وما يصاحب ذلك من عمليات رصد ومراقبة؛ والتخطيط لتفاصيل عملية التنفيذ بما يتضمنه ذلك من امتلاك الأسلحة المناسبة للهجوم؛ ثم نقل الأسلحة والعناصر المنفذة إلى مكان التنفيذ؛ ويلي ذلك تنفيذ العملية؛ ثم هروب العناصر؛ واستغلال العملية في الترويج لقدرات الكيان الإرهابي إعلامياً[47].

47. Stratfor, "the Terrorist Attack Cycle", Oct 3, 2012:
https://worldview.stratfor.com/article/stratfor-terrorist-attack-cycle

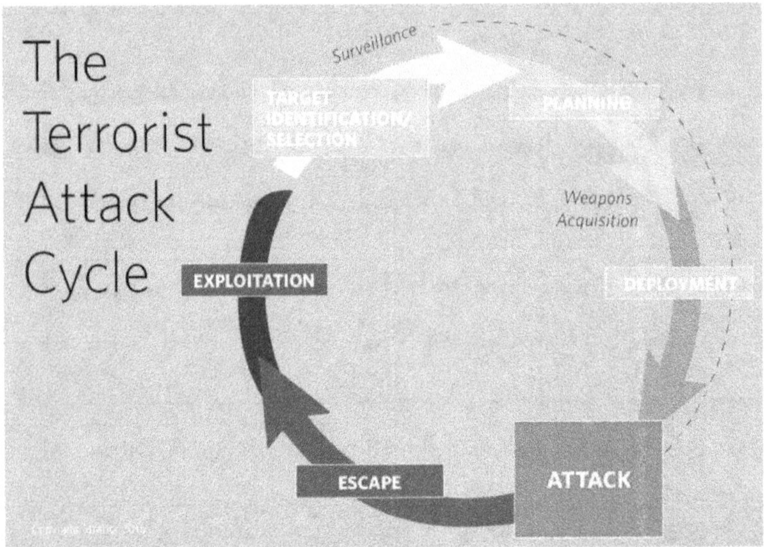

المصدر:Stratfor, Op.Cit.

كان الاعتقاد السائد لفترة قريبة أن لجوء الكيانات الإرهابية للتواصل مع شبكات الجريمة المنظمة يتم في مرحلة التخطيط من أجل الحصول على الأسلحة والمتفجرات ووثائق سفر مزورة للتنقل عبر الحدود وموارد مالية لتمويل الأنشطة الإرهابية.

وتكشف حالات عملية عن أن تنامي قدرات الأجهزة الأمنية في مكافحة الإرهاب وقدرتها على الرصد المبكر للمخططات الإرهابية جعلت بيئة عمل

الكيانات الإرهابية أكثر صعوبة، وهو ما دفعها للاستعانة بشبكات الإجرام المنظم في مراحل تنفيذ العملية الإرهابية كلها، وليس في مرحلة التخطيط فقط كما ذكرنا سابقاً.

حيث أصبحت الكيانات الإرهابية كما كشفت عن ذلك هجمات باريس وبروكسل السابق ذكرهما تستعين بشبكات الإجرام المنظم لتسهيل نقل الأسلحة والعناصر الإرهابية لمكان تنفيذ الهجوم الإرهابي، كما أصبحت تعتمد عليها في تأمين خروج العناصر الإرهابية من مكان تنفيذ العملية وفي حالات أخرى تهريبهم إلى خارج حدود الدولة التي نفذت فيها العملية باستخدام وثائق سفر مزورة.

2-التطور التكنولوجي

تلعب التطورات التكنولوجية التي نشهدها خلال المرحلة الحالية دوراً مهماً في تحديد شكل العلاقة بين الإرهاب والجريمة المنظمة خلال الفترة المقبلة، وهذه التطورات أصبحت محور الثورة الصناعية الرابعة التي باتت تتطلب من الدول أن تطور بنيتها التحتية التكنولوجية وتنقل جزءاً كبيراً من سياساتها ونظمها إلى العالم الافتراضي أو الرقمي.

ويتزامن مع ذلك، في حالة الإرهاب، تكيف الكيانات الإرهابية وجماعات الجريمة المنظمة مع هذا التطور في تنامي الإرهاب الإلكتروني من ناحية، وتنامي سيطرة تنظيم داعش على العالم الافتراضي من ناحية أخرى،

وأصبحت المؤسسات الأمنية في مختلف دول العالم تواجه مشكلة فيما لو تعرضت البنية التحتية التكنولوجية للدولة لهجوم إرهابي خاصة شبكات الطاقة؟

وفي حالة جماعات الجريمة المنظمة أصبحت هي الأخرى لها نسخة رقمية، حيث أصبحت هناك أنشطة الإجرام الإلكتروني، فمثلاً غدت هذه الجماعات تمارس خطف الرهائن على الفضاء الإلكتروني، وهذه المرة الرهائن ليسوا بشراً ولكن ملفات وبيانات رقمية.

ومن أشهر أنشطة الإجرام الإلكتروني الهجمات المعروفة باسم برامج الفدية WannaCry التي تعرضت لها دول عدة في العالم في مايو 2017، حيث استهدفت هذه الهجمات 230 ألف جهاز كمبيوتر يعمل بنظام الويندوز في 150 دولة، وتم تشفير البيانات والملفات ومنع المستخدمين من الولوج إلى حساباتهم على الأجهزة إلا إذا قاموا بدفع فدية بقيمة 300 دولار باستخدام عملة البيتكوين، وبعدها ارتفعت الفدية إلى 600 دولار، وفي حال عدم دفع الفدية خلال 3 أيام يتم محو الملفات بصورة دائمة من جهاز الكمبيوتر.

وتقدر الخسائر التي تسببت فيها هذه الهجمات بـ 4 مليارات دولار على مستوى العالم، ولذا أطلقت شركة "كاسبيرسكاي" على هذه الهجمات اسم "الجائحة"[48].

---

48. "What is WannaCry ransomware?", KaspersKy web portal: https://me-en.kaspersky.com/resource-center/threats/ransomware-wannacry

وبعيداً عن هذه الانعكاسات الواضحة للتطور التكنولوجي على أنشطة الإرهاب والجريمة المنظمة، فإن هناك انعكاسات رمادية تجعل هناك تداخلاً بين ما هو مشروع وما هو غير مشروع، على نحو يساعد على تنامي الأنشطة المالية التي يستفيد منها الإرهابيون والمجرمون ولكن في الوقت نفسه يصعب تكييفها كأنشطة غير مشروعة.

ومن ذلك على سبيل المثال، تزايد انتشار العملات المشفرة الذي نتج عنه تنامي استخدام الجماعات الإرهابية وجماعات الجريمة المنظمة لها من أجل توفير ما تحتاجه من موارد مالية، وذلك بسبب الهوية غير المعروفة للشخص المتعامل في هذه العملات، وأن التعاملات تتم بين طرفين دون سابق معرفة ودون وجود وسيط ثالث، كما أن التعامل بواسطة هذه العملات بسيط وسريع يتم خلال دقائق ويحتاج إلى وجود اتصال بالإنترنت فقط ووجود تطبيق المحافظ الإلكترونية wallet application، كما أنها أصول رقمية يسهل نقل ملكيتها وتحريكها وتخزينها، ويسهل نقلها من عنوان مشفر إلى آخر دون أن تؤثر في ذلك الحدود السياسية بين الدول[49].

وتعد البيتكوين العملة المشفرة الأكثر استخداماً من قِبل الكيانات الإرهابية من أجل الحصول على الأموال واستقبال التبرعات من المتعاطفين

---

49. Tom Sadon, "5 REASONS WHY CRIMINALS & TERRORISTS TURN TO CRYPTOCURRENCIES", Cognyte, November 02, 2021: https://www.cognyte.com/blog/5-reasons-why-criminals-are-turning-to-cryptocurrencies/

والمؤيدين لهم حول العالم. فعلى سبيل المثال أعلنت الإدارة الأمريكية تفكيكها شبكات تمويل خاصة بتنظيم القاعدة وتنظيم داعش في 13 أغسطس 2020، وكانت تعتمد على استخدام العملات المشفرة، وبلغ عدد الحسابات التي استطاعت الإدارة الأمريكية أن تصادرها في هذه الشبكات 300 حساب، وتقدر قيمة العملات المشفرة فيها بملايين الدولارات. وكانت شبكات التمويل تلك تستخدم شركات معروفة بأنشطتها الإجرامية على شبكة الإنترنت وعلى موقع الفيسبوك[50].

وما يميز هذه العملة أنه لايمكن الاستحواذ على الأرصدة الخاصة بها دون امتلاك كلمة السر private key التي تحميها والتي يمتلكها المستخدم الأصلي، ولذا لاتستطيع الحكومات تفكيك أرصدة الإرهابيين والمجرمين من البيتكوين رغم معرفة حجمها.

ونظراً إلى الطبيعة الرمادية لهذه العملات المشفرة، فإن العديد من دول العالم لاتجرم التعامل عليها، بل على العكس هناك دول وضعت أطراً منظمة لها.

---

50. US Department of Justice, "Global Disruption of Three Terror Finance Cyber-Enabled Campaigns", August 13, 2020: https://www.justice.gov/opa/pr/global-disruption-three-terror-finance-cyber-enabled-campaigns

3- أزمة جائحة كورونا "كوفيد-19"

تؤثر جائحة كورونا "كوفيد-19" على العلاقة بين الإرهاب والجريمة المنظمة، ويشير تقرير "مجموعة العمل المالية" FATF إلى أن جماعات الإجرام المنظم خلال الجائحة مارسوا أنشطة إجرامية في قطاعات جديدة شملت قطاع السلع الطبية، مثل: الأدوية واللقاحات والملابس الواقية ضد انتقال الفيروس، واستغلال إجراءات التحفيز الاقتصادية التي تبنّتها الحكومات لاحتواء تأثير الجائحة، كما مارست أنشطة استغلال الأطفال على الإنترنت مستفيدة في ذلك من تنامي استخدام الإنترنت نتيجة لإجراءات العزل في المنزل، وتزايد الجرائم ضد الممتلكات الخاصة، وتنامي الفساد في عقود توريد المعدات الطبية.

ومثال على ذلك، قامت السلطات الطبية في ألمانيا خلال مارس 2020 بالتعاقد مع شركتين في زيوريخ وهامبورغ لتوريد أقنعة للوجه بقيمة 15 مليون يورو. واتجهت الشركتان بسبب نقص المعروض من الأقنعة للبحث عن موردين جدد، ووجدتا عنوان بريد إلكتروني وموقعاً خاصاً بشركة في إسبانيا ادعيا أن لديهما 10 ملايين قناع، ثم طلبا من الشركتين التواصل مع طرف آخر في آيرلندا الذي بدوره وصلهما بمورد في هولندا. وتم الاتفاق مع الأخير على توريد 1.5 مليون قناع. وطلبت الشركة الهولندية دفعة مقدمة بقيمة 1.5 مليون يورو. وقبل توريد الشحنة طلبت من الشركتين تحويل 880 ألف يورو إضافية. وحينها شعرت الشركتان بأنها عملية نصب ولذا تواصلتا مع البنك الخاص بهما والذي قام بدوره بإبلاغ الإنتربول[51].

---

51. The Financial Action Task Force (FATF), "Update: COVID-19-related Money Laundering and Terrorist Financing", December, 2020, p 8.

واتصالاً بذلك، يحذر الإنتربول بصورة دورية الحكومات من تنامي فرص غسل الأموال لصالح تمويل الأنشطة الإرهابية خلال فترة الجائحة بسبب تغير السلوك المالي للأفراد خاصة فيما يتعلق بزيادة الاعتماد على المعاملات المالية الرقمية وما يصاحب ذلك من تراجع قدرة المؤسسات المالية على تتبع المعاملات المشبوهة.

كما لاحظ الإنتربول أنه خلال الجائحة تزايدت بعض الممارسات التي تنطوي على استخدام أموال من مصادر مجهولة من أجل إنقاذ شركات عدة من الإفلاس نتيجة حالة الركود التي صاحبت كورونا، خاصة العاملة في مجالات تطوير العقارات والبناء والنقل.

ويحذر الإنتربول الدول أيضاً مما يصاحب إجراءات الغلق لمنع انتشار الوباء والنسخ المتحورة له من تنامي حجم الأموال النقدية المتداولة وتزايد استخدام الأصول الافتراضية، ومن تغير السلوك الاستهلاكي للمواطنين نتيجة عملهم من المنزل واعتمادهم على الشراء أونلاين، وتزداد المشكلة في حالة الدول التي لم تعتد قبل الجائحة على تأمين المعاملات عبر الإنترنت[52].

يتضح من التحليل السابق أن هذه المتغيرات الثلاثة تعزز من استمرار التداخل بين أنشطة الكيانات الإرهابية وأنشطة جماعات الإجرام المنظم على نحو يتطلب من المؤسسات الأمنية إعادة النظر ومراجعة ما تتبنّاه

---

52. Ibid., pp 18-19.

من برامج وسياسات وإجراءات لمكافحة هذا التشابك والتداخل بين الظاهرتين.

لاسيما أن الوقائع المسجلة بخصوص علاقات الإرهاب والجريمة المنظمة في مناطق عدة في العالم تفيد باكتساب هذه العلاقة أبعاداً جديدة تتخطى الأنماط الثلاثة للعلاقة السابق تحليلها. حيث يشير عدد من الخبراء إلى نمط رابع جديد يسمى "الاندماج المتطور" Evolutionary Convergence، الذي بموجبه تتحول الكيانات الإرهابية بالكامل إلى جماعات إجرام منظم وتتحول جماعات الإجرام المنظم بالكامل إلى تنظيمات إرهابية.

وحتى يحدث هذا التحول، لابد أن يتغير الدافع الخاص بالكيانات الإرهابية وذلك الخاص بجماعات الجريمة المنظمة. بحيث يصبح للكيانات الإرهابية دافع واحد يتعلق بالحصول على الأموال وتصبح جماعات الإجرام المنظم تسعى لتحقيق أهداف سياسية فقط.

وعند البحث في أنماط العلاقة بين الكيانات الإرهابية وشبكات الإجرام المنظم طوال العقدين الماضيين، نجد أن تحول الكيانات الإرهابية الدينية إلى جماعات إجرام منظم لم يحدث بعد بصورة كاملة، كما أن تحول جماعات الإجرام المنظم إلى كيانات إرهابية لم يحدث بعد بصورة كاملة، وقد يرجع ذلك إلى ارتفاع تكلفة مثل هذا التحول على تلك الجماعات.

ونجد أن هذا التحول حدث في حالة التنظيمات الإرهابية اليسارية أيضاً، والمثال الأشهر على ذلك هو المنظمة الإرهابية "17 نوفمبر" 17 November. وهي تنظيم إرهابي سياسي عمل في اليونان، ونفذ وفقاً لبيانات جهاز الاستخبارات الأمريكية 23 عملية قتل وقعت أثناء هجمات نفذتها ضد أهداف يونانية وبريطانية وتركية وأمريكية. كما اغتالت المنظمة في عام 1975 رئيس محطة المخابرات المركزية الأمريكية ريتشارد ويلش في أثينا.

وقد اتخذت هذه المنظمة قراراً بالتخلي عن هدفها السياسي وتراجعت عن أعمالها الإرهابية، ولكن تزايدت الأنشطة الإجرامية التي تنفذها مثل التهريب والاحتيال والتزوير والابتزاز. وكانت الولايات المتحدة أعلنت في عام 2015 عن رفع اسم هذه المنظمة من قائمة التنظيمات الإرهابية الأمريكية[53].

في ظل هذا الوضع، تتزايد أهمية الحاجة لأن تقوم المؤسسات الأمنية بتطوير جهودها وقدراتها لتكون قادرة على فك الترابط بين الإرهاب والجريمة المنظمة بدلاً من الاستمرار في مكافحة كلٍّ من الإرهاب والجريمة المنظمة على حدة[54].

---

53. "Greek leftist group November 17 removed from US terror list", The Guardian, Sep 4, 2015: https://www.theguardian.com/world/2015/sep/04/greece-november-17-removed-us-terror-list

54. Naim Kapucu and Cihan Demirhan, "Managing collaboration in public security networks in the fight against terrorism and organized crime", International Review of Administrative Sciences, Vol 85(1), 2019,

ولكن قد تطرح المؤسسات الأمنية في هذه الحالة سؤالاً مفاده:

هل الأعمال الإجرامية التي تقوم بها الكيانات الإرهابية تمثل مشكلة أكبر من الإرهاب؟

قد يرى بعضهم أن الهجمات الإرهابية التي تنفذها تلك الكيانات هي التي لها الأولوية في المكافحة وبالتالي من المهم توجيه موارد وقدرات المؤسسات الأمنية لها، ولكن من المهم هنا التأكيد على أن تلك الأعمال الإجرامية تخلق قطاعات مستفيدة من استمرارها وبالتالي استمرار وجود الكيان الإرهابي وتوسع البيئة الحاضنة له على نحو يضعف من جهود المؤسسات الأمنية الخاصة بمكافحة الإرهاب.

وفي هذا السياق، يمكن طرح مقترح رئيسي يهدف إلى تعزيز قدرات المؤسسات الأمنية في التصدي للعلاقات المتنامية بين الكيانات الإرهابية وشبكات الإجرام المنظم، وهو إنشاء مركز للتحليل الاستخباراتي يتألف من جهاز الشرطة والأجهزة الاستخبارية والقوات المسلحة وأجهزة القضاء، ويتولى هذا المركز جمع المعلومات كافة من المصادر الوطنية والدولية وغيرها وتحليلها، وإنشاء قاعدة بيانات خاصة بمختلف أنماط العلاقة بين الكيانات الإرهابية النشطة في الدولة المعنية وشبكات الإجرام المنظم العابر للحدود.

ومن المهم التأكيد على أن هذا المقترح هدفه علاج الفجوة السابق توضيحها في بداية هذه الدراسة، فاستناداً إلى قاعدة البيانات هذه ستصبح المؤسسات

الأمنية في وضع أفضل لتحديد شبكات العلاقات بين الإرهابيين والمجرمين كذا اتخاذ قرارات وإجراءات تستند إلى معلومات مؤكدة information driven measures وتؤدي إلى إضعاف هذه العلاقات بنسب كبيرة ومن ثم إضعاف الكيانات الإرهابية.

خاتمة

حللت هذه الدراسة تطور العلاقة بين الإرهاب والجريمة المنظمة العابرة للحدود خلال المرحلة الراهنة من خلال خمسة أقسام رئيسية. حيث استعرض القسم الأول سيطرة الاتجاه الخاص بفصل سياسات مكافحة الإرهاب عن سياسات مكافحة الجريمة المنظمة في دول عدة في العالم والدلالات المتصلة بذلك. وحلل القسم الثاني ثلاثة أنماط للعلاقات بين الإجرام المنظم والكيانات الإرهابية وهي التعايش والتعاون والاندماج باعتبارها الأنماط الأكثر انتشاراً حالياً. وفي شرح كل نمط من هذه الأنماط الثلاثة استعرضت الدراسة أمثلة تطبيقية عدة من أوروبا وأفريقيا وآسيا وأمريكا اللاتينية. كما اهتمت الدراسة في القسم الثالث منها بتوضيح العوامل المفسرة لاتجاه الكيانات الإرهابية لإنشاء علاقات مع جماعات الجريمة المنظمة العابرة للحدود.

وخصصت الدراسة القسم الرابع لتحليل أمثلة عدة لعلاقة الكيانات الإرهابية مع شبكات الإجرام المنظم العابر للحدود من واقع التفاعلات في منطقة الشرق الأوسط وشمال أفريقيا، وتم تحليل أربع حالات رئيسية شملت تنظيم داعش في العراق وسوريا، وحالة ما يسمى "العصابات الإسلاموية" Islamic gangster في تونس، وعمليات تهريب الأسلحة عبر الحدود في منطقة شمال أفريقيا، وحالة بوكوحرام في غرب أفريقيا.

وفي القسم الأخير، ناقشت الدراسة المتغيرات التي تؤثر في مستقبل العلاقة بين الإرهاب والجريمة المنظمة، وهي أزمة كورونا "كوفيد-19"، والتطور التكنولوجي، وتنامي جهود مكافحة الإرهاب، وانتهت إلى أن هذه المتغيرات تعزز من استمرار التداخل بين أنشطة الكيانات الإرهابية وأنشطة جماعات الإجرام المنظم. كما ناقش هذا القسم بصورة رئيسية نمطاً من العلاقات بين الإرهاب والجريمة المنظمة وهو "الاندماج المتطور"، الذي يتوقع خبراء عديدون أن يكون الشكل المستقبلي للعلاقات بين الإرهابيين والمجرمين.

وفي الختام، سعت هذه الدراسة لتقديم تحليلٍ لتطور العلاقة بين الإرهاب والجريمة المنظمة العابرة للحدود من أجل المساهمة في الجهود البحثية التي تبذل من قِبل الأكاديميين في لفت انتباه الحكومات لتلك العلاقة وأنه من المتوقع تطورها خلال الفترة المقبلة على نحوٍ يضاعف من التهديدات التي تواجهها الدول نتيجة لذلك، خاصة فيما يتعلق بتعزيز تلك العلاقة لقدرة الكيانات الإرهابية والكيانات الإجرامية على الحفاظ على بقائها من خلال التكيف مع أزمة كورونا "كوفيد-19" وغيرها من الأزمات العالمية.

ومن المهم التأكيد على أن استمرار الفجوة بين الاتجاه المسيطر على معظم المؤسسات الأمنية في عدد من دول العالم الذي يميل إلى الفصل بين مكافحة الإرهاب ومكافحة الجريمة المنظمة والسلوك الفعلي للكيانات الإرهابية وجماعات الإجرام المنظم العابر للحدود على النحو الموضح في هذه الدراسة، سيسهم في الحد من فعالية ما ينفذ من جهود في تلك الدول.

وتـرى الدراسـة أن هـذا الوضـع، يسـتدعي مـن الحكومـات خاصـة في منطقة الشـرق الأوسـط وشـمال أفريقيـا أن تطـور مـن القدرات المؤسسـية لأجهزتهـا حتـى تكـون قـادرة علـى إضـعاف هـذه العلاقـات المتناميـة بيـن الإرهابيين وشبكات الإجرام المنظم، خاصة وأن هناك عوامل عدة تسـاعد على استمرار تطور هذه العلاقات في منطقة الشرق الأوسط وشمال أفريقيا تحديداً. ومن أهم تلك العوامل تزايد الطابع العابر للحدود للإرهاب وللجريمة المنظمة، وتزايد ضعف الدولة المركزية وفشلها وما يصاحب ذلك من انعدام الاسـتقرار في أجـزاء محـددة مـن إقليـم الدولة خاصـة في حالـة الـدول ذات المسـاحات الكبيـرة، حيث تعـد تلك الأجـزاء مـن إقليم الدولة بيئة حاضنة للإرهـاب الإجرامـي ولتـداخل أنشـطة الإرهـاب مـع الجريمـة المنظمـة بصفة عامـة. كمـا أن التطـور التكنولـوجي يـوفر مسـاحات افتراضية للتفاعـل بيـن الإرهاب والإجرام المنظم لا تتقيد بحدود الدول وقوانينها.

المصادر والمراجع

Books:

- Wolfgang Benedek et la., Transnational Terrorism, Organized Crime and Peace-Building: Human Security in the Western Balkans, (London: Palgrave Macmillan, 2010).

Documents:

- United Nations Security Council resolution no. 2482, July 19, 2019, available on UN web portal: https://digitallibrary.un.org/record/3813145

- United Nations office of Counter-terrorism UNOCT, "UN Global Counter-Terrorism Strategy", UNOCT web portal: https://www.un.org/counterterrorism/un-global-counter-terrorism-strategy

- United Nations office on Drug and Crime UNODC. "United Nations Convention Against Transnational Organized Crime and The Protocols Thereto (Palermo Convention)", November 15, 2000. (NewYork: UNODC, 2004).

- مجلس الأمن التابع للأمم المتحدة، تعريف "جمعية البر الدولية" Benevolence International Foundation (BIF)، الموقع الرسمي لمجلس الأمن https://www.un.org/securitycouncil/ar/sanctions/1267/aq_sanctio ns_list/summaries/entity/benevolence-international-foundation

- Center for Strategic and International Studies, "The Threat Posed from the Convergence of

- Organized Crime, Drug Trafficking, and Terrorism", Statement before the U.S. House Committee on the Judiciary

- Subcommittee on Crime, December 13, 2000.

- US Government publishing office, "Survey of Terrorist Groups and Their Means of Financing", hearing before the subcommittee on terrorism and illicit finance of the committee on financial services, House Hearing, 115 Congress, September 7, 2018.

- United States Senate, Republican Policy Committee, "The Kosovo Liberation Army: Does Clinton Policy Support Group with Terror, Drug Ties?", March 31, 1999: https://irp.fas.org/world/para/docs/fr033199.htm

Papers:

- Angelina Stanojoska,"The Connection Between Terrorism and Organized Crime: Narcoterrorism and The Other Hybrids", March 2011, paper presented in a conference entitled " Combating Terrorism – International Standards and Legislation"

- -Eman Ragab, "Recruitment Strategies of Terrorist Groups in the Mashreq Region Amidst COVID-19", in: Karina Melkonian (ed.), Thriving on Uncertainty: Covid-19-Related Opportunities for Terrorist Groups, EuroMesco Policy Study, N.21, June 2021.

- Keshar Patel, "Boko Haram: Spotlight on Human Trafficking", World Policy Journal, MAY 22, 2014:

- http://worldpolicy.org/2014/05/22/boko-haram-spotlight-on-human-trafficking/

- Naim Kapucu and Cihan Demirhan, "Managing collaboration in public security networks in the fight against terrorism and organized crime", International Review of Administrative Sciences, Vol 85(1), 2019,

- Stratfor, "the Terrorist Attack Cycle", Oct 3, 2012: https://worldview.stratfor.com/article/stratfor-terrorist-attack-cycle

- Tamara Makarenko, The Crime-Terror Continuum: Tracing the Interplay between Transnational Organised Crime and Terrorism, Global Crime, 6:1,2004, 129-145, DOI: 10.1080/17440570042000297025

Reports:

- United Nations Security Council. "Action taken by Member States and United Nations entities to address the issue of linkages between terrorism and organized crime", Report of the Secretary-General, July 29, 2020.

- Europol, "Serious and Organised Crime Threat Assessment: Crime in the age of technology", SOCTA report, Report of 2017, p 55.

- Interpol, "Overview of Serious and Organized Crime in Central Africa", Analytical Report, Enhancing Africa's response to transnational organized crime ENACT, 2018

- The Institute for Economics and Peace, GLOBAL TERRORISM INDEX 2018: Measuring the impact of terrorism", Sydney, November 2018, p.60.

- -US Office To Monitor and Combat Trafficking in Persons, 2020 Trafficking in Persons Report, pp.378-381

- -The Financial Action Task Force (FATF), "Update: COVID-19-related Money Laundering and Terrorist Financing", December, 2020, p 8.

- Australian Government -Department of Foreign Affairs and Trade, The Taliban sanctions regime: https://www.dfat.gov.au/international-relations/security/sanctions/sanctions-regimes/Pages/the-taliban-sanctions-regime

Newspapers & News portals:

- "Greek leftist group November 17 removed from US terror list", The Guardian, Sep 4, 2015: https://www.theguardian.com/world/2015/sep/04/greece-november-17-removed-us-terror-list

- "Brussels jihadists: Belgian recruiter Zerkani given longer term", BBC News web portal, 14 April 2016: https://www.bbc.com/news/world-europe-36042877

- Charlie Bayliss, "ISIS recruits European criminals by promising REDEMPTION if they join heinous terror cult, Express news portal", Oct 11, 2016: https://www.express.co.uk/news/uk/719727/ISIS-International-Centre-Study-Radicalisation-Rayat-Al-Tawheed-Banner-of-God

- Jamille Bigio, "How violent extremist groups profit from the trafficking of girls", November 10,2019, The Hill web portal:

- https://thehill.com/opinion/international/465408-how-violent-extremist-groups-profit-from-the-trafficking-of-girls?rnd=1570810804

- Oscar Lopez Fonseca, "Camorra, hashish and Al Qaeda on the Costa del Sol", Publico, Feb 24, 2012:

- https://blogs.publico.es/oscar-fonseca/462/la-camorra-compra-hachis-a-al-qaeda-en-la-costa-del-sol/

- Von Stefan Candea, Jürgen Dahlkamp, et la, "The Path to Death: How EU Failures Helped Paris Terrorists Obtain Weapons?", Spiegel International, March 24, 2016:

- https://www.spiegel.de/international/europe/following-the-path-of-the-paris-terror-weapons-a-1083461.html

- Elena Holodny, "This map shows where ISIS overlaps with major oil refineries", Businessinsider, Sep 29, 2015: https://www.businessinsider.com/map-isis-in-iraq-syria-and-oil-infrastructure-2015-9

- Border attack feeds Tunisia fears of Libya jihadist spillover", Rueters, March 13, 2016: https://www.reuters.com/article/us-tunisia-security-idUSKCN0WF072

- "Tunisia kills militants near Libya border", BBC, March 7, 2016:

- https://www.bbc.com/news/world-africa-35743185

- "Vienna shooting: What we know about 'Islamist terror' attack", BBC, November 4, 2020: https://www.bbc.com/news/world-europe-54798508

- "France attack: Three killed in 'Islamist terrorist' stabbings", BBC, 29 October 2020: https://www.bbc.com/news/world-europe-54729957

Internet:

- Anna Pingen, "Commission Presents 2021-2025 EU Strategy to Tackle Organised Crime", 1 June 2021, eucrime web portal: https://eucrim.eu/news/commission-presents-2021-2025-eu-strategy-to-tackle-organised-crime/

- United Nations office on Drug and Crime UNODC, "Links with Organized Crime", UNODC web portal: https://www.unodc.org/unodc/en/terrorism/expertise/links-with-organized-crime.html

- The Global Coalition to Defeat ISIS: https://www.state.gov/about-us-the-global-coalition-to-defeat-isis/

- Lyubov G. Mincheva and Ted Robert Gur, "Unholy Alliances: Evidence on Linkages between Trans-State

- "What is WannaCry ransomware?", KaspersKy web portal: https://me-en.kaspersky.com/resource-center/threats/ransomware-wannacry

- Tom Sadon, "5 REASONS WHY CRIMINALS & TERRORISTS TURN TO CRYPTOCURRENCIES", Cognyte, November 02, 2021: https://www.cognyte.com/blog/5-reasons-why-criminals-are-turning-to-cryptocurrencies/

- "Where ISIS Gets Its Weapons", Dec 19, 2017, Statista: https://www.statista.com/chart/12330/where-isis-gets-its-weapons/

- US Department of Justice, "Global Disruption of Three Terror Finance Cyber-Enabled Campaigns", August 13, 2020: https://www.justice.gov/opa/pr/global-disruption-three-terror-finance-cyber-enabled-campaigns

نبذة عن المؤلف

د. إيمان رجب. هي خبير (باحث أول) متخصص في الأمن الإقليمي- رئيس وحدة البحوث الأمنية والعسكرية في مركز الأهرام للدراسات السياسية والاستراتيجية، مدرس زائر في الجامعة الأمريكية في القاهرة.

وتم تكليفها عام 2019 للعمل مدير عام الإدارة العامة للبحوث السياسية في أمانة مجلس الأمن القومي برئاسة الجمهورية، وبذلك كانت هي أول سيدة تكلف بالعمل في وظيفة قيادية في أمانة مجلس الأمن القومي منذ إنشائها من قِبل السيد رئيس الجمهورية.

تخرجت د. رجب في كلية الاقتصاد والعلوم السياسية في جامعة القاهرة عام 2004، وحصلت على درجتي الماجستير والدكتوراه من الكلية نفسها. وحصلت على زمالة كلية دفاع حلف الناتو في روما عام 2018. كما تخرجت في كلية الدفاع الوطني بأكاديمية ناصر العسكرية العليا عام 2017 (دورة الزمالة 46)، وكرمها وزير الدفاع والإنتاج الحربي القائد العام للقوات المسلحة في حفل تخريج الدارسين في الأكاديمية لكونها الأولى على المدنيين. كما أنها عضو المدرسة الرئاسية - عضو البرنامج الرئاسي لتأهيل التنفيذيين للقيادة عام 2021.

هي مدرس زائر في عدد من الجامعات والمؤسسات التعليمية المصرية ومنها الجامعة الأمريكية في القاهرة وكلية الاقتصاد والعلوم السياسية في جامعة القاهرة وكلية الدفاع الوطني في أكاديمية ناصر العسكرية العليا.

أدرجها معامل أرسيف ARCIF ضمن قائمة "العشرة مؤلفين الأكثر تأثيراً في مجال العلوم السياسية في العالم العربي" لعام 2020-2021. كما حصلت على المركز الأول مناصفة في جائزة "الشباب العربي-2018" التي تمنحها منظمة الأليكسو، وقد هنأها الرئيس عبد الفتاح السيسي لكونها أول شابة مصرية تحصل على هذا المركز. كما اعتبرتها مجلة يونيباث unipath عام 2019 "الخبيرة المصرية الرائدة في الدراسات الأمنية في الشرق الأوسط" (هي المجلة الرسمية الخاصة بالقيادة المركزية الأمريكية CENTCOM).

لها العديد من الأبحاث المنشورة باللغتين العربية والإنجليزية حول القضايا الأمنية في الشرق الأوسط وشمال أفريقيا وهي متاحة على صفحتها الرسمية على موقع أكاديميا academia.edu.